Fuerza mental
2 libros en 1

Cómo influenciar a la gente + disciplina personal diaria. Adquiere perseverancia, resistencia y logra vencer a la procrastinación + guía paso a paso de 30 días

Cómo influir sobrelas personas y convertirse en unmaestrodela manipulación

Métodas comprobados para analizar a las personas, controlar tus emociones y lenguaje corporal, y aprovechar la persuasión

Tabla de Contenidos

Introducción 7

Capítulo 1: Guía de Persuasión para Principiantes 12

Formas Diarias en las que Eres Manipulado 12

Manipulación: Una Herramienta para el Bien y para el Mal 14

6 Reglas de Oro en la Manipulación 15

Cómo Utilizar un Lenguaje Corporal Persuasivo 21

Capítulo 2: Principios de Inteligencia Emocional 25

¿Qué es la Inteligencia Emocional? 26

Por Qué los Maestros de la Manipulación Necesitan Inteligencia Emocional 31

9 Maneras de Desarrollar una Inteligencia Emocional Potente .. 33

Cómo Controlar tus Emociones Como un Veterano 38

Capítulo Tres: Escoge Tu Blanco 42

¿Qué Atrapa a la Gente? 45

7 Cualidades Que Definen al Blanco Perfecto 56

Los Blancos que Son Más Difíciles de Conquistar 58

Capítulo Cuatro: Descifrar El Lenguaje Corporal 61

Leer las Señales Sutiles del Cuerpo 61

Los Mensajes Secretos del Rostro 64

Entender Micro Expresiones 71

Lo Que la Forma de Caminar Dice de Ti 73

Capítulo Cinco: Herramientas Esenciales para la Manipulación.
.... 76

Trucos Diarios de Manipulación.. 76

11 Trucos de Persuasión para Empezar a Conseguir lo que Quieres en tu Día a Día 85

Como Usar las Seis Leyes de Persuasión................................ 87

Todo lo que Tienes que Saber Sobre la Psicología Inversa 91

Capítulo Seis: Un Maestro en Cada Escenario 98

Cómo Manipular a Tu Jefe en Secreto 98

Estrategias de Negociación Infalibles para Manipular Tu Camino al Éxito 105

Fraccionamiento: La Herramienta de Seducción de los Grandes Manipuladores 110

11 Técnicas de Manipulación Menos Conocidas para Seducir .. 116

Capítulo Siete: Tácticas de Manipulación Avanzadas 123

El Poder Manipulador del Afianzamiento 123

Hábitos Encantadores para Manipular a Cualquiera 128

Cómo Convertir a Alguien en Su Propio Enemigo 133

Capítulo Ocho: Reafirmando el Dominio 137

Lenguaje Corporal que Reafirma el Dominio 137

Cómo Hablar Como un Líder 143

Comportamiento Dominante para Mostrar Quién Manda 150

Conclusión 156

Introducción

Todos tienen un pequeño manipulador viviendo dentro de sí. Si te estás sintiendo inseguro acerca de tu vida, podría resultarte difícil reconocer ésta cualidad, y el poder que puede tener sobre otros. Como humanos, contamos con una amplia variedad de métodos sobre los que, instintivamente, nos apoyamos cuando queremos ejercer nuestra influencia sobre otros. Podríamos hacer que otras personas duden de su propio juicio y aceptar nuestro consejo personal cuando queremos algo; pudiéramos hacerles sentir culpables acerca de algo que no nos gusta, podríamos vestirnos de encanto para tentarlos a hacer algo a lo que están renuentes. Todo esto forma parte de la comunicación diaria, y comenzamos a apoyarnos en éstas técnicas a muy temprana edad.

Sin embargo, en algún momento de la vida, terminamos convenciéndonos de que la manipulación es algo inmoral; que existe algo intrínsecamente indecente en ello y, así, nuestra forma de comunicación cambia. Desafortunadamente, esto nos deja vulnerables a las tácticas usadas por aquellos que reconocen dichas habilidades como meras herramientas, cuya utilidad se puede emplear tanto para buenas, como malas intenciones. Como resultado, nos encontramos siendo manipulados y presionados a lidiar con las cosas que ellos no quieren hacer. Acabamos sintiéndonos impotentes, frustrados y sin control.

De lo que no nos damos cuenta, es que la manipulación, igual que cualquier otra destreza, es una habilidad que fácilmente se puede desarrollar positivamente para ayudarnos a lograr nuestras metas. Sólo con hacer algunos ajustes a nuestro lenguaje corporal, forma de expresarnos y comportamiento, todos podemos convertirnos en dueño de nuestra propia vida. No importa si eres un padre tratando de hacer que su hijo limpie su habitación, o si eres el director ejecutivo de una importante corporación intentando motivar una fuerza de trabajo masiva; superar tus propias inseguridades y aprender a usar ésta habilidad pueden cambiar la dinámica entera de tu vida.

Hay quienes se han referido a ella como una forma de "persuasión oscura", como tratando de insinuar que hay algo misteriosamente malévolo acerca de la manipulación. A simple vista, eso podría parecer cierto. Después de todo, cuando escuchas la palabra "manipulación", la mente, automáticamente, evoca ideas intrigantes. Se reproducen en tu cabeza imágenes de control mental en las películas de ciencia ficción, hipnotizadores intentando obligarte a hacer cosas extrañas o vergonzosas, que normalmente no harías; y personas deshonestas que quieren persuadirte para que hagas algún tipo de acto cuestionable. Pero todas éstas son ideas erróneas acerca de lo que la manipulación realmente se trata.

La creencia más común sobre la manipulación, es que involucra a una persona tomando el control sobre otra, como si ésta fuera una marioneta, con ellos moviendo las cuerdas. Pero, lo que la mayoría de la gente no entiende, es que el verdadero arte de manipulación no tiene nada que ver con hacer que otras personas hagan cosas en contra de su voluntad; sino una delicada forma de persuasión capaz de convencer a otro de querer lo mismo que uno quiere. En otras palabras, la manipulación es simplemente una forma profunda de persuasión, algo que todos hacemos en la vida diaria.

Tu objetivo es hacer creer a otros que, cualquiera que sea la decisión que estén tomando, siempre fue idea de ellos. Siempre habrá personas que utilizarán esta habilidad con intenciones dudosas; pero eso no quiere decir que, la persuasión en sí, esté mal.

Una persona puede usar un cuchillo para preparar la comida para su familia, o puede usarlo para hacerle daño a otra persona. El cuchillo en sí no es el problema; es de qué forma alguien decide utilizarlo. Si sigues los medios de comunicación, debes saber que, históricamente, ha habido una corriente infinita de personas carismáticas que han puesto bastante esfuerzo en influenciar y maniobrar a las personas para que hagan lo que ellos quieren. Buscan controlar el comportamiento de las masas a través de actos sutiles que pueden ser difíciles de notar.

Todos hemos oído las horrorosas historias de la opresión sobre los Judíos por parte de los Nazis durante la Segunda Guerra Mundial. Cómo estos alemanes, que normalmente eran amables, pacíficos y gentiles, fueron convencidos de ver a los Judíos como una amenaza real para sus vidas; o tal vez hayas oído del record de muertes suicidas cometidas bajo la persuasión de personas carismáticas como Jim Jones, o aquellos que participaron en el pacto establecido bajo la estela del cometa Hale-Bopp. Nuestros libros de historia están plagados de éste tipo de historias de horror, que demuestran cuán malvado y peligroso puede ser la manipulación psicológica. No obstante, esos casos no representan la norma, y no reflejan la realidad de lo que el arte de la manipulación realmente es.

Todos practicamos la manipulación, de una manera u otra. Lo hacemos diariamente y ni siquiera lo pensamos dos veces. De hecho, la definición principal de la palabra "manipular", es "dirigir o influenciar con destreza", en algún proceso de tratamiento o desempeño".

La manipulación no es el mal en sí; es el cómo se usa, lo que se vuelve cuestionable. ¿Perteneces a alguna religión? ¿Algún grupo al que pertenezcas? ¿Alguna vez fuiste parte de una fraternidad? ¿O miembro de un club exclusivo? ¿Seguías las reglas de tu escuela? ¿Existen políticas de oficina donde trabajas?

Todos estos grupos fueron formados y desarrollados usando cierto nivel de manipulación. Los miembros ejercían una sutil presión sobre ti para seguir ciertas normas, encajar dentro de ciertas expectativas, y complacer a cierto grupo de personas. Simplemente no te diste cuenta de que estabas siendo manipulado, porque querías ser parte de ello.

Pero, después de leer este libro, tú puedes estar del otro lado de la ecuación. Sutilmente impulsando personas en una dirección u otra. Los trucos están todos en tu mente y en tu forma de pensar. Todo eso podrá necesitar un cambio y nuestro objetivo es ayudarte a lograrlo. En este libro aprenderás a:

- Qué es realmente la manipulación y cómo reconocer cuando estás siendo manipulado.
- El lenguaje no-hablado que siempre comunicas al resto del mundo.
- Qué papel juega tu IE (Inteligencia Emocional)
- Qué atrae a la gente
- Cómo identificar una persona vulnerable a la manipulación
- Cómo leer el lenguaje corporal y micro expresiones
- Cómo tu forma de caminar dice mucho de ti
- Cómo abastecer tu caja de herramientas de manipulación
- Cómo manipular a otros como un verdadero profesional
- Y muchísimo más

La pregunta que debes hacerte, es ¿por qué estás leyendo este libro? ¿Con qué objetivo quieres aprender cómo manipular personas? Ten presente que, para manipular personas de forma efectiva, se requiere de un serio compromiso respecto al tiempo. Tendrás que ser paciente y cultivar tu arte. Puede parecer fácil, pero para dominar las estrategias usadas aquí, deberás practicarlas hasta que se sientan naturales y sin esfuerzo. Éste tipo de habilidad requiere de tiempo para ser cultivado e involucra vencer tus propias barreras mentales y crear una mentalidad muy específica.

Eso implica bastante trabajo y compromiso. Sin embargo, una vez que seas experto en esta habilidad, serás capaz de lograr cosas grandiosas. Será más fácil para tu nuevo negocio el ganar impulso y adelantarse a la competencia. Podrás obtener el apoyo que necesites para superar cualquier obstáculo. Tendrás acceso a una amplia fuente de recursos y podrás comunicarte y conectarte con el resto del mundo, bajo tus términos.

Fuerza mental

Si alguna vez te has preguntado cómo una persona sin muchos recursos parece poder enfrentarse al resto del mundo, y ganar, entonces has sido testigo oficial del poder de la manipulación. No necesitas una caja llena de herramientas, ni un montón de trucos bajo la manga. Sea que quieres convencer a tus hijos de tomar ciertas decisiones importantes, o si eres un director ejecutivo tratando de motivar a un equipo de empleados a seguir tus ideales; las estrategias son las mismas.

¿Qué significa eso para ti? Significa demasiado. Con el arte de la manipulación, encontrarás más sencillo conseguir el trabajo que quieres, obtener el préstamo que necesitas, e incluso negociar el tipo de tratos que estás buscando. Tu meta no es hacer que la gente te ayude en contra de su voluntad, sino convencerlos de que, lo que tú tienes para ofrecer para el mundo, es algo por lo que vale la pena correr riesgos. Es una poderosa herramienta que cualquiera puede usar para conseguir lo que necesita. Y se trata de aprender a usar tus propias fortalezas para tu ventaja. Así que, si estás listo para enfrentarte al mundo y finalmente conseguir las cosas que necesitas, y que deberías tener, entonces es tiempo de voltear la página y aprender a ser un maestro de la manipulación en todo su esplendor. Entonces, empecemos para que puedas vencer al resto del mundo como un torbellino.

Capítulo 1: Guía de Persuasión para Principiantes

Mucha gente piensa en la manipulación de forma negativa. Sienten que cualquiera que sea manipulador tiene un propósito malévolo y no se puede confiar en él. Desafortunadamente, esto es, por lo menos, parcialmente cierto. Definitivamente los hay quienes desean hacerte daño o aprovecharse de cualquiera que se cruce en su camino.

Una de las razones por las que, frecuentemente, asociamos la manipulación con una intención negativa es porque no tenemos la habilidad para ver el corazón de las personas y determinar su verdadero motivo. Entonces, más allá de pensar que alguien está genuinamente haciéndote un cumplido, la mente siempre se torna sospechosa y adoptará el peor escenario.

Formas Diarias en las que Eres Manipulado

Sería genial sentir que, cuando tomamos nuestras propias decisiones, lo hacemos en nuestros propios términos, pero ése raramente es el caso. Vivimos vidas muy ocupadas y, como resultado, sucumbimos frecuentemente a las influencias de otros, usándolas como una especie de atajo, o como una guía para sacar rápidamente nuestras propias conclusiones acerca de alguna situación. Para la mayoría, esto puede funcionar bien; pero raramente es la acción más sabia.

Por ejemplo, llegas a casa y enciendes la televisión en el canal de noticias para oír sobre los últimos eventos ocurridos en el mundo. Ves una foto del Príncipe Charles mostrando su dedo medio a alguien del público. La gente está indignada porque alguien de la familia real adopta éste tipo de actitud en público, y tú estás de acuerdo. ¿Estás siendo manipulado o es un verdadero reporte de noticia? La imagen en

Fuerza mental

Si alguna vez te has preguntado cómo una persona sin muchos recursos parece poder enfrentarse al resto del mundo, y ganar, entonces has sido testigo oficial del poder de la manipulación. No necesitas una caja llena de herramientas, ni un montón de trucos bajo la manga. Sea que quieres convencer a tus hijos de tomar ciertas decisiones importantes, o si eres un director ejecutivo tratando de motivar a un equipo de empleados a seguir tus ideales; las estrategias son las mismas.

¿Qué significa eso para ti? Significa demasiado. Con el arte de la manipulación, encontrarás más sencillo conseguir el trabajo que quieres, obtener el préstamo que necesitas, e incluso negociar el tipo de tratos que estás buscando. Tu meta no es hacer que la gente te ayude en contra de su voluntad, sino convencerlos de que, lo que tú tienes para ofrecer para el mundo, es algo por lo que vale la pena correr riesgos. Es una poderosa herramienta que cualquiera puede usar para conseguir lo que necesita. Y se trata de aprender a usar tus propias fortalezas para tu ventaja. Así que, si estás listo para enfrentarte al mundo y finalmente conseguir las cosas que necesitas, y que deberías tener, entonces es tiempo de voltear la página y aprender a ser un maestro de la manipulación en todo su esplendor. Entonces, empecemos para que puedas vencer al resto del mundo como un torbellino.

Capítulo 1: Guía de Persuasión para Principiantes

Mucha gente piensa en la manipulación de forma negativa. Sienten que cualquiera que sea manipulador tiene un propósito malévolo y no se puede confiar en él. Desafortunadamente, esto es, por lo menos, parcialmente cierto. Definitivamente los hay quienes desean hacerte daño o aprovecharse de cualquiera que se cruce en su camino.

Una de las razones por las que, frecuentemente, asociamos la manipulación con una intención negativa es porque no tenemos la habilidad para ver el corazón de las personas y determinar su verdadero motivo. Entonces, más allá de pensar que alguien está genuinamente haciéndote un cumplido, la mente siempre se torna sospechosa y adoptará el peor escenario.

Formas Diarias en las que Eres Manipulado

Sería genial sentir que, cuando tomamos nuestras propias decisiones, lo hacemos en nuestros propios términos, pero ése raramente es el caso. Vivimos vidas muy ocupadas y, como resultado, sucumbimos frecuentemente a las influencias de otros, usándolas como una especie de atajo, o como una guía para sacar rápidamente nuestras propias conclusiones acerca de alguna situación. Para la mayoría, esto puede funcionar bien; pero raramente es la acción más sabia.

Por ejemplo, llegas a casa y enciendes la televisión en el canal de noticias para oír sobre los últimos eventos ocurridos en el mundo. Ves una foto del Príncipe Charles mostrando su dedo medio a alguien del público. La gente está indignada porque alguien de la familia real adopta éste tipo de actitud en público, y tú estás de acuerdo. ¿Estás siendo manipulado o es un verdadero reporte de noticia? La imagen en la pantalla es clara, así que te unes a la multitud y te enfureces por la fotografía y elevas tu propia protesta contra el insensible miembro de la familia real.

Sin embargo, a pesar de que éste incidente realmente sucedió, los medios no contaron la historia completa. La misma imagen, tomada desde un ángulo distinto, muestra que el Príncipe Charles realmente estaba sosteniendo tres dedos en alto, como si estuviera contando algo mientras hablaba, calmadamente, con alguien de la multitud. No era sólo el dedo medio, y su gesto era completamente inocente.

Ese gran ejemplo de manipulación, consiguió que millones de personas opinaran acerca de la situación de la familia real antes de que la verdad fuese revelada. No obstante, no toda manipulación se da de una forma tan pública. Puede suceder a menor escala también. Toma en consideración a esas personas que actúan como si fueran mejores que tú. Quizá tengan un mayor nivel de educación, o ganan más dinero que tú. Algunos incluso actúan de esa forma por su linaje familiar. Cuando te hablan, adoptan una voz condescendiente, como si hablaran con un niño. Sus expresiones faciales dejan claro que te ven como inferior.

¿Funciona ésta estrategia? Sólo si tú aceptas este comportamiento y estás de acuerdo con ello. Si te vuelves tembloroso y te muestras nervioso en su presencia, estás dándoles señal de que estás de acuerdo y realmente los ves como superiores a ti. Cómo respondes a éste tipo de comportamiento te permitirá saber si te están manipulando o no.

Otras estrategias de manipulación pueden ser vistas en el lenguaje corporal de alguien, su tono de voz, o, inclusive, lo que no dicen (trato silencioso, por ejemplo). Existe un sinnúmero de maneras en que alguien puede intentar manipularte. Si te tomas el tiempo, estoy seguro de que encontrarás incontables formas de manipulación siendo practicadas contigo todos los días. Es una estrategia perfectamente normal que todos usamos a lo largo de nuestras vidas.

Fuerza mental
Manipulación: Una Herramienta para el Bien y para el Mal

Son casos como éstos los que hacen que la gente se pregunte si la manipulación es éticamente correcta o no. Los medios se hacen notorios por éste tipo de tácticas. Utilizan la fotografía, palabras cuidadosamente empleadas, y otras tácticas inteligentes para persuadir gente de sentirse de cierta manera.

Sin embargo, aunque el mensaje que entregan posee cierto grado de verdad, no siempre es toda la verdad. Que alguien utilice la manipulación para mal, no quiere decir que siempre sea mala. Una mirada más atenta hacia nuestros estilos de comunicación nos ayuda a entender cómo la manipulación ha sido usada muchísimo más para buenos propósitos. Una vez que reconoces esto, no sólo serás capaz de reconocer cuando está siendo empleada alrededor de ti, sino que querrás aplicarla en tu vida también.

Debido a que nuestra mente subconsciente es usualmente la fuerza que dirige nuestro comportamiento, no muy a menudo nos damos cuenta de lo que sucede realmente durante nuestros procesos mentales. La mente subconsciente siempre está trabajando, cada segundo de cada día; está recolectando información a través de nuestros sentidos y poniéndola a través de filtros, decidiendo lo que es importante y lo que no.

Así que, mientras navegas en tu computador, revisando tus redes sociales, cosas están sucediendo en el fondo de tu mente, de las que ni siquiera estás enterado. Ésta es una estrategia que aquellos especializados en marketing utilizan para atraer tu atención. El equipo de marketing entiende que, si colocan el nombre de la marca en frente de ti lo suficiente, eventualmente harás una conexión con ello. ¿Te has preguntado alguna vez por qué Coca-Cola se ha convertido en la marca número uno de bebidas gaseosas del mundo? Pequeñas cosas como una frase pegajosa, ligeros desenfoques de cámara entre escenas de tu programa de televisión favorito, y su logo plasmado en cada evento deportivo y sitio de entretenimiento.

Este arte astuto de manipulación no es nada nuevo. Ha estado presente durante décadas. Es usado por empresas, partidos políticos, religiones e, incluso, grupos de interés social. Tu jefe lo utiliza para sacar mayor trabajo de ti; tus padres lo utilizan para que regreses temprano a casa, tus profesores lo utilizan para hacer que quieras estudiar, y tu esposo puede que lo utilice para hacer que estés de acuerdo con él en cualquier número de cosas. Puesto simple, la manipulación es el hábil uso de la persuasión para lograr un resultado deseado. Es el aceite en la ruidosa rueda que mueve nuestra sociedad.

En conclusión, si vives en éste mundo, perteneces a una de estas dos clases; el manipulador o el manipulado. No existe punto medio en esto. Así que, en, esencia, es una de las habilidades más útiles que un superviviente puede usar para conseguir lo que quiere.

Si estás pensando que necesitas tener una especial cantidad de carisma, o ciertos talentos para poder emplear las estrategias que usaremos en este libro, estás equivocado. El hecho es que todos tienen un talento innato para ser un maestro de la manipulación. Ya cuentas con las cualidades para hacer el trabajo. Así que, comencemos con lo básico.

6 Reglas de Oro en la Manipulación

Entonces, ¿cómo saber si estás siendo manipulado? Hay muchas formas en que esto puede suceder. Las probabilidades son que, a este punto, ya has comenzado a percibir la idea, pero vamos a ponernos un poco específicos aquí. Después de muchos años de estudio, investigadores han delimitado exactamente cómo funciona la manipulación.

Al principio, probablemente sentías que las personas tomaban decisiones basadas en la información que reunían, pero ese no siempre es el caso. La evidencia ha mostrado que la manipulación tiene características muy específicas, y el tomador de decisiones usa esas características como un tipo de reglamento para medir la información que recolectan. Esto les permite llegar a conclusiones omitiendo todo el proceso analítico que implica. Existen al menos seis reglas diferentes de manipulación que son comúnmente usadas en ti todos los días.

- Reciprocidad
- Escasez
- Autoridad
- Consistencia
- Agrado
- Unanimidad

Una vez que entiendes cómo funciona cada una de éstas, y cómo pueden ser usadas, no sólo podrás detectar cuando alguien está intentando manipularte, también podrás sacar provecho de ésta estrategia y usarla en otros.

Reciprocidad: El arte de la reciprocidad permite al manipulador tocar una característica innata de todos nosotros. SI alguien hace algo por ti, automáticamente te sientes obligado a devolver el favor. Aun cuando su gesto no viene con una expectativa de recibir algo de vuelta, igual te sentirás comprometido a hacer algo por esa persona, o tu mente no podrá descansar.

Aun así, no esperes que sea un intercambio de gestos o favores equitativos. El manipulador podría ni siquiera pedir o esperar algo a cambio; en lugar de eso, creará una situación que te hará sentir conectado a ellos de alguna manera. Luego, cuando las circunstancias son favorables y necesitan del servicio o del producto que tú puedes proveer, tu mente, automáticamente, traerá de vuelta el nombre del manipulador y lo pondrá de primero en la lista; y hay una gran probabilidad de que cumplirás lo que sea en favor de ellos.

Un perfecto ejemplo de reciprocidad, es una práctica encontrada en la mayoría de los restaurantes hoy en día. Después de haber terminado tu plato, usualmente el mesero te llevará la cuenta, junto con una menta para cada persona en tu mesa – un regalo. En muchos casos, el regalo es algo pequeño y aparentemente insignificante. ¿Cómo te sientes cuando recibes este regalo? ¿Qué haces con ello? Mientras que la menta le cuesta al restaurante una pequeña fracción del plato que acabas de comer, comienzas a sentir cierto endeudamiento. Tu subconsciente te dice que debes devolver el gesto de alguna manera. La evidencia de esto ha sido revelada en un número de estudios que han demostrado que, los comensales que reciben una menta después de la comida, a menudo aumentan la cantidad de la propina por al menos un 3%. Si recibían dos mentas, el tamaño de la propina se cuadruplicaba cerca de un 14%.

Otro resultado de reciprocidad es que, si el mesero te da una menta junto con la cuenta, y luego comienza a alejarse, pausa y luego regresa para hacer un cumplido a los integrantes de la mesa, las propinas se incrementan aún más, hasta un 23%.

Esto revela algo interesante. Que no sólo el regalo hace la diferencia. Si, dar un regalo incrementará tus probabilidades de obtener lo que quieres, pero también se debe prestar atención a la forma en la que el regalo es entregado. Esto te concederá el máximo posible resultado.

Escasez: Es un hecho bien conocido que, cuando sólo hay reserva limitada de algo, la gente lo querrá aún más. Esta reacción natural está incorporada en todos nosotros. Podríamos ni siquiera estar consciente de ésta inclinación pero, psicológicamente, cuando algo que deseemos se vuelve escaso, nos sentimos obligados a intentar obtenerlo lo antes posible.

Vemos cómo los que trabajan en marketing utilizan el arte de la escasez en campañas que tienen fecha límite. Recibes emails o mensajes de texto con frases como "sólo quedan 12 horas" o "sólo quedan 5 asientos disponibles". Poniéndolo simple, una vez que te das cuenta de que no tienes acceso infinito a algo que deseas, serás conducido a tomar acción y asegurarlo para ti antes de que la reserva se agote.

Lo importante que hay que saber aquí, es que nada ha cambiado acerca del producto. No ha sido mejorado, ni está siendo ofrecido a un menor precio. La única diferencia es que hay una gran probabilidad de que el recurso dejará de estar disponible. El hecho, por sí sólo, hace que la gente lo quiera aún más.

Así que, cuando realmente quieres motivar a alguien a la acción, el Principio de Escasez es muy efectivo. Cuando las personas conocen los beneficios de los que se estarían perdiendo, clamarán por obtenerlo antes de que la reserva se termine.

Autoridad: Hemos sido programados desde una edad muy temprana para respetar y aceptar las palabras y consejos provenientes de personas con autoridad. Esta es la razón por la cual tomamos el consejo de un profesional de salud, sin cuestionar, escuchamos la voz de un profesor, y obedecemos a la insignia de autoridad cuando nos da una instrucción.

Esto lo hacemos a un nivel consciente. Es una decisión que todos tomamos en algún punto de nuestra vida. Sin embargo, pocos nos damos cuenta de que también lo hacemos a un nivel inconsciente. Incluso un profesional, del que no sabemos nada, recibe de nosotros mayor importancia a su opinión y la situamos más alta que ninguna otra. Es porque es nuestra forma de reconocer su experiencia, posición y conocimiento

Es interesante notar que esta aceptación automática puede ser vista no sólo en números, sino también en entornos sociales alrededor del mundo. Los doctores logran hacer que sus pacientes sigan ciertos regímenes de tratamiento si sus diplomas están desplegados libremente en sus oficinas mientras dan las recomendaciones. La gente está más dispuesta a seguir las leyes de tráfico si hay un oficial uniformado presente, y muchos están inclinados a escuchar a un experto en cualquier tema si hay algún indicio de que realmente es un experto.

Por supuesto, ésta estrategia también puede producir un efecto indeseado para ti. Si vas por ahí jactándote de tus logros, o si les dices a todos que deben escucharte porque eres un experto, puede ser de mal gusto para muchas personas y hacer que se cierren a tus opiniones. Sin embargo, si alguien más señala tu nivel de experiencia en algún área en particular y te recomienda, las personas pueden estar más inclinadas a responder favorablemente.

Este es el por qué ves incontables testimonios en páginas web que quieren venderte algo. Curiosamente suficiente, no necesitas saber la confiabilidad de la persona que está haciendo las recomendaciones. En muchos casos, sólo la sugerencia de una persona ajena al producto es suficiente para convencer a la gente del peso de su autoridad. Estudios han demostrado que ese tipo de estrategia referencial puede rendir un incremento de hasta 20% de resultados en muchos casos.

Consistencia: Las personas, generalmente, siempre seguirán el mismo camino por el que han viajado en el pasado. Se remiten a lo familiar y cómodo. Es por esto que, si alguien ha hecho algo por ti de forma natural en el pasado, es muy probable que lo vuelvan a hacer; en muchos casos, su siguiente gesto será, incluso, mayor que el anterior.

Si puedes conseguir que alguien haga un pequeño e insignificante compromiso contigo la primera vez, entonces es probable que su siguiente acción sea más grande después. Los negocios apelan a éste deseo natural al pedirte de entrada que hagas un pequeño, pero voluntario, compromiso; tales como llenar un formulario en línea o responder una simple pregunta de encuesta. En un centro de salud, se pidió a los pacientes que llenaran su propio registro de cita, en vez de hacerlo el personal. Como resultado, tuvieron una disminución de 18% en citas perdidas. Pero el acto era tan minúsculo, que los pacientes nunca siquiera imaginaron que estaban comprometiéndose.

Agrado: Todos somos naturalmente atraídos a las personas y las cosas que nos gustan. Esto es debido a tres elementos esenciales. Primero, queremos estar con aquellos similares a nosotros, con los cuales nos podemos identificar. Segundo, estamos atraídos a aquellos que nos elogian, y tercero, a las personas que están dispuestas a trabajar con nosotros y ayudarnos a lograr nuestros objetivos.

Muchos se han vuelto exitosos al encontrar formas de destacar las similitudes entre sus metas y sus potenciales clientes. Tomándote el tiempo de involucrarte en cierto tipo de conversación corta, compartiendo información personal entre sí, puedes crear un vínculo que los unirá en cierto nivel. Mientras más fuerte puedas hacer que sea ese vínculo antes de hacer una petición, más posibilidades tendrás que la otra persona esté dispuesta a conceder tu solicitud. Los negocios que han utilizado esta estrategia han visto hasta un 90% de respuesta positiva; opuesto a aquellos que tuvieron sólo un 55% de respuesta positiva cuando quisieron entrar de primera instancia en materia de negocios.

Para tomar ventaja de esta habilidad, busca el terreno en común que puedas compartir con otros, y concédeles elogios genuinos en vez de banalidades sin profundidad, y deberías ver mejores resultados.

Unanimidad: El suave uso de la presión grupal. Las personas tienden a seguir las acciones y creencias de la multitud, especialmente si tienen inseguridades acerca de sí mismos. Todos tomamos nota de lo que otras personas están haciendo. Habitualmente escogemos un restaurante por lo concurrido que es. Asumimos que, si tanta gente va, debe ser porque es bueno. McDonald's exhibe el número de clientes a los que ha servido en vez de los tantos años que llevan en el mercado; y probablemente has notado cómo Amazon muestra una lista de otros productos que otros clientes han comprado cuando eligen algo que tú has buscado.

Todo esto forma parte de nuestra cultura de socialización. Aplicar esto en nuestro arte de persuasión le da a la gente un sentimiento de camaradería respecto a nosotros y les ayuda a conectarse, no sólo con aquello que podemos ofrecer, sino también a otros que ya se han vuelto parte del grupo. Ya sea que estés vendiendo un producto, o si sólo estás tratando de hacer que alguien esté de acuerdo contigo, una de las formas más simples de subir a la gente a bordo del plan es haciéndoles saber que si se unen a ti, no estarán solos. Se siente menos riesgoso cuando saben que tienen a alguien con quien unir fuerzas.

Cualquiera de estas estrategias puede ayudarte a conseguir mejores resultados cuando estás buscando ciertas cosas. Probablemente ya has comenzado a darte cuenta de cuántas veces has sido manipulado en tu día a día. Sin duda, creías que estabas tomando tus propias decisiones, lo que probablemente es cierto hasta cierto punto; pero queda muy claro que la idea que germinó en tu mente, fue plantada allí por alguien más.

Cómo Utilizar un Lenguaje Corporal Persuasivo

Una cosa que pocas personas notan es que, cuando te comunicas con otros, no son las palabras con lo que mayoría de la gente se conecta. El fundamento de tu estilo de comunicación no se encuentra en aquello que sale de tu boca, sino de lo que tu cuerpo está haciendo mientras. Se debe dar una cuidadosa atención a cómo presentas tu mensaje. Un discurso pobremente expuesto puede hacer mucho más daño que una presentación pobremente desarrollada. Para sacar lo mejor de tu mensaje, debes apuntar y apelar a sus mentes subconscientes de una forma más física. Aquí están algunas pocas de las muchas señales usadas en el lenguaje corporal común. Mientras vayas leyendo, visualízalas en tu cabeza, practícalas en una menor escala cuando estés con otros y observa cuán fácil puedes meter gente en tu bolsillo.

Sé Superman

La pose de Superman funciona porque te permite resaltar en medio del resto. Practica esto en la privacidad de tu hogar antes de salir. Trasládate al baño e intenta mantenerte erguido, infla tu pecho (no demasiado), y posiciona tus manos sobre tus caderas, con tus codos en dirección a cada lado. Tu objetivo es hacerte ver tan grande como sea posible. Haz ésta pose antes de iniciar tu presentación y nota cómo tu confianza y compostura comienza a crecer.

Párate Derecho

Puede ser bastante fácil rendirse a una postura encorvada, pero vence la necesidad. Cuando hablas públicamente con tu cuerpo erguido, tus hombros sostenidos hacia atrás y tu cuerpo recto no sólo te verás más confiable, sino que te sentirás bien también. Sin embargo, existen otros beneficios de pararse erguido que no son tomados en cuenta. Cuando tienes una posición erguida, alineas tu vía aérea permitiéndole al flujo respiratorio viajar libremente. Con todos los potenciales bloqueos abiertos, naturalmente podrás hablar más alto, tu voz sonará más clara; sonarás tan bien como un profesional.

Mantén Una Postura Abierta

Debes tener cuidado con la posición erguida. Si lo exageras, en vez de mostrar aplomo y seguridad, puedes terminar mostrándote presumido y arrogante. Para evitar esto, resiste toda tentación de cruzar tus brazos, ya que eso te hará parecer cerrado o aislado. Intenta no meter las manos en tus bolsillos y, si estás sentado, no cruces las piernas. Quieres mostrarte seguro, pero también confiable; así que, mientras más abiertas puedas mantener tus extremidades, más gente querrá responder al mensaje que transmites.

Haz Contacto Visual

Si quieres conferirle a tu presentación un toque más personal, esfuérzate en hacer contacto visual verdadero. Cuando miras directamente a los ojos de alguien, básicamente les estás invitando a tu círculo social. El contacto visual directo crea un vínculo tácito que te acerca más a las personas, que cuando sólo les hablas.

Por supuesto, tampoco quieres mirarlos fijamente a los ojos porque eso puede hacerlos sentir incómodos. Por tanto, haz contacto visual con ellos, pero sólo por unos pocos segundos. Si estás hablando a un grupo de gente, escoge varios de ellos entre la multitud y haz contacto visual con cada uno. Después de unos segundos breves, sigue con la otra persona; repite esto con tantas personas como sea razonablemente posible. Esto hace que los oyentes sientan que les estás dando un trato personal y que estás genuinamente interesado en ellos.

Muévete

Si estás dando una presentación, resiste la tentación de quedarte de pie como una estatua. Cuando sea posible, camina alrededor del espacio en el que estás y abarca tanto terreno como puedas. Reflejará un movimiento más natural y te dará más seguridad. Si estás nervioso, el movimiento te ayudará a relajarte con el entorno y hacer que tu mensaje se transmita más fácilmente. El movimiento también hace posible que proyectes mejor tu voz hacia diferentes áreas, así la mayor cantidad de gente puede conectarse con tu mensaje.

Usa Tus Manos

Recuerda, todo tu cuerpo debe hablar. La comunicación involucra más que solo palabras. Mantén tus manos libres, para que puedas hacer gestos más fluidos. Esto atraerá más personas de la audiencia hacia ti. Deja que tus manos se muevan libres para enfatizar los puntos clave que quieras hacer. Los gestos comunes que puedes incluir pueden ser apuntar a la palma de tu mano para recalcar un punto específico, las palmas abiertas completamente y desplegadas a los lados para indicar apertura, o para crear una pregunta en la mente de la gente; o señalar hacia afuera para recalcar otros asuntos.

Te ayudaría muchísimo si te tomaras un tiempo para observar cómo te comunicas naturalmente con las personas que conoces. Pocas personas hablan cómodamente sin hacer gestos, solo no te das cuenta de que lo haces. No obstante, si comienzas a tomar nota de cómo se mueven tus manos y tu cuerpo cuando hablas con tus amigos, sabrás qué gestos puedes incorporar a cualquier presentación que hagas, para darle un empujón extra a tu mensaje en su recepción.

Usa Expresiones Faciales

Decimos mucho con nuestra cara y, cuando la gente habla contigo, inconscientemente buscarán esas señales para rellenar los vacíos de lo que no dijiste o no puedes decir verbalmente. Cuando te preguntan una pregunta tan básica como, "¿Cómo estás?", inmediatamente observarán tu cara cuando respondes. Nuestros rostros son como lienzos en limpio y, cuando hablamos, nuestro mensaje se refleja en ello proyectando lo que sentimos por dentro. Sin decir una palabra, una persona puede saber cómo nos sentimos, qué estamos pensando, y si confían o no en ti.

Cuando hagas expresiones faciales, mantén tu cara relajada. Una cara calmada y relajada te da la apariencia de autenticidad y te hace ver más humano.

Mantén estos gestos faciales al mínimo. Si son demasiados, la gente se sentirá incómoda – si son muy pocos, la gente percibirá desinterés.

Convertirse en un maestro de la manipulación es sólo cuestión de perfeccionar un arte que hemos estado aprendiendo desde la infancia. No es algo nuevo, único, o cuestionable. Es sólo refinar nuestra manera de comunicarnos con el mundo exterior. Lo que acabamos de discutir en este primer capítulo son las bases de esta habilidad. Ahora, comencemos con el trabajo duro y veamos un poco más allá debajo de la superficie, para encontrar lo que realmente impulsa a la gente a seguir a un verdadero maestro del arte de la persuasión.

Capítulo 2: Principios de Inteligencia Emocional

Durante años, la creencia común decía que la clave del éxito residía en tu coeficiente intelectual (CI). Ya sea que se te den mejor los libros o si te desenvuelves mejor fuera de la escuela, tener cierto nivel agudeza mental te ayuda a navegar entre los obstáculos que debes vencer para lograr tus objetivos.

Pero eso nos lleva a un largo debate, ¿cuál es más importante? Aquellos que se avocan por el CI como lo más importante, argumentan que tu inteligencia mental es lo te puede ayudar a navegar en el sistema y te hará más fácil el camino; pero han surgido evidencias que demuestran que la inteligencia emocional (IE) es igual de importante al momento de prepararte para lidiar con las personas. Para aclarar esto, necesitamos entender completamente la diferencia entre las dos.

El muy reconocido psicólogo, Howard Gardner, señala que la inteligencia de una persona no está limitada a dominar una sola habilidad. Sus años de estudio en cómo trabaja el cerebro han identificado muchas maneras diferentes en que alguien puede mostrar inteligencia. Si lees cualquiera de sus escritos, te encontrarás con ésta reconocida expresión:

No es qué tan inteligente eres, sino cómo eres inteligente

Mientras que el CI se concentra en una o algunas habilidades, alas que, comúnmente, se les refiere como "Facto G", él señala que la capacidad de reconocer emociones, entenderlas y expresarlas de forma clara, es clave para qué tan bien podemos navegar los retos de la vida.

Si alguna vez has tomado un test de CI, entonces sabes que sólo se concentra en una habilidad. Tu puntaje de CI fue basado únicamente en la destreza visual, espacial, memoria funcional, memoria de corto y largo plazo, razonamiento cuántico y fluido. En esencia, fuiste examinado en los temas generales que se enseñan en la escuela.

Tu inteligencia emocional, sin embargo, es medida por tu capacidad para percibir una emoción, evaluarla, dirigirla y expresarla. Cuanto tienes inteligencia emocional, eres capaz de ver e identificar las emociones en otros, razonar respecto a tus observaciones para determinar cómo se sienten los demás, y utilizar esas emociones como un método para facilitar la comunicación; todo mientras mantienes tus emociones bajo control.

Durante años, siempre hemos dado mucha importancia a nuestro coeficiente intelectual, y sigue siendo visto importante en la actualidad. Pero, tal como nuestro conocimiento sobre cómo funciona el cerebro sigue creciendo, hay una creciente evidencia de que el CI, por sí sólo, no garantiza el éxito. Es verdad, las personas con un CI alto usualmente tendrán mejor desempeño en la escuela, consiguen los mejores trabajos, e incluso parecen ser más saludables físicamente. Pero, a lo largo de la historia, hemos visto en repetidas ocasiones a muchos con inteligencia emocional alta fracasar en todo lo que se proponen. Es claro que sólo la inteligencia emocional no te llevará a donde quieres estar. Más bien es todo un grupo de factores, que incluye la inteligencia emocional, lo que te dará mejor seguridad en el éxito.

¿Qué es la Inteligencia Emocional?

Ya hemos determinado que, esencialmente, la inteligencia emocional es la habilidad para identificar y reconocer emociones en otras personas y dirigir las tuyas propias, pero hay aún más de esto. Para tener una buena inteligencia emocional, necesitas dominar tres habilidades.

- **Conciencia Emocional:** La capacidad de reconocer las emociones en otros y etiquetarlas. No es suficiente decir que una persona está alterada, necesitas saber si está molesta, triste, asustada, en duelo o avergonzada.

- **Redireccionar:** Una vez identificadas esas emociones, necesitas redirigirlas hábilmente pensando bien las cosas, usarlas para resolver problemas y aplicarlas en las tareas o destrezas que necesitas encontrar.
- **Administrar:** La habilidad de poder manejar tus propias emociones va más allá de no enloquecerse cuando algo no te gusta. Siempre que puedas dominar esos sentimientos y usarlos para tu provecho, te convertirás en un maestro de la inteligencia emocional.

Cuando tienes una inteligencia emocional alta, eres capaz de identificar una amplia gama de emociones tanto negativas, como positivas, incluso cuando no están exhibidas de forma obvia. Estarás en sintonía con cómo se sienten otras personas, lo que te puede dar perspicacia respecto a lo que están pensando; y serás capaz de captar hasta la más sutil de las señales cuando estás interactuando dentro de un entorno social en particular. Todas estas habilidades te pueden ayudar a convertirte en mejor esposo, amigo, padre, profesor, amante, líder, jefe, o lo que sea que desees hacer.

Sería difícil hacer que alguien responda a ti si no qué les mueve a tomar acciones. El manejar las emociones es un arte delicado, pero es necesario para cualquiera que busque expandir sus horizontes.

Las emociones son extremadamente poderosas, y son la fuerza detrás de todo nuestro comportamiento y, por extensión, el comportamiento de la gente, desencadenando reacciones tanto positivas, como negativas. Tu inteligencia emocional te ayudará a enfocarte no sólo tus propios pensamientos y emociones, sino también en las de los demás.

Si te tomas el tiempo, probablemente podrías mirar atrás y darte cuenta de muchos ejemplos de cómo otros han usado su inteligencia emocional para manipularte en el pasado. La táctica fue sutil, seguramente no tenías idea de que estaba sucediendo. Por ejemplo, cuántas veces has estado viendo la televisión y viste un comercial mostrando niños pequeños de un país tercermundista, con sus barrigas distendidas y moscas volando alrededor de ellos. ¿Te toca el corazón, no es cierto? O quizás alguna vez te encontraste con un amigo que estaba visiblemente angustiado, y después de insistir un poco, te dijo que estaba en mal estado, a nivel financiero, y necesitaba un poco de ayuda para solventar algunas obligaciones financieras.

En cada uno de estos casos, el manipulador tocó tu fibra emocional porque sabían cómo podía afectarte emocionalmente. Son capaces de ponerte en una posición en la que tú quieres ayudarles. De hecho, probablemente pensaste que fue tu idea desde el principio. Todos los días vemos este tipo de manipuladores emocionales alrededor de nosotros, muchos de esos usándolo de una forma positiva y beneficiosa; pero hay muchos ejemplos negativos de ello también.

Considera este ejemplo de un maestro de la manipulación que causó un daño extremo a otras personas. Antes de que Adolf Hitler comenzara su reinado de terror como la cabeza del régimen Nazi, pasó años observando el comportamiento humanos y cómo su propio lenguaje corporal afectaba a aquellos a su alrededor. Observó el impacto emocional de cada gesto y cada posición y perfeccionó esas habilidades hasta convertirse en un conferencista cautivador.

Un líder que quiere sacar provecho injustamente de otros, utilizará muchas cosas para hacer que compren una idea concreta.

Pueden intentar controlarte usando tus propios miedos en tu contra, incluso llegar hasta el punto de exagerar la verdad o decirte mentiras descabelladas y rotundas para acorralarte en una esquina, en la que sientas que ellos son los únicos en quienes puedes confiar.

También podrían recurrir al engaño para ponerte en desventaja. Pueden decirte la verdad, pero sólo parte de ella; la parte de la historia que los muestra a ellos de forma más positiva. Dirán todas las cosas que quieras oír. Entonces, pueden ser la persona que siempre dice que sí en la oficina, siempre estando de acuerdo contigo en todo, independientemente de la lógica. Te harán pequeños favores en un intento de hacer que quedes en deuda con ellos. Intentarán todo lo que puedan para maniobrar las cosas a su provecho. Esta estrategia te pone en una situación en la que ellos tienen el poder y tú no estás tan a gusto, como lo estarías de no ser así. Las reuniones serán en sus casas, oficinas, clubes o cualquier otro lugar de su preferencia.

Ellos no tienen miedo de preguntar las cosas difíciles. Esto es un intento de exponer tus debilidades o para recoger información que puedan utilizar algún día para seguir manipulándote. Frecuentemente las preguntas son sobre temas personales, o cosas de las cuales no hablarías abiertamente.

Hablan rápido para tratar de hacerte perder el hilo e incluso podrían usar un vocabulario poco común para socavar tu seguridad. Piensa en esos infomerciales en que hablan tan rápido, en la hora nocturna de la programación televisiva. Usualmente te abordan con un vasto vocabulario, esperando que tú no seas capaz de seguir completamente la historia que están contando. Y su discurso de ritmo rápido no te da el tiempo suficiente de procesar toda la información que te están dando, dejándote inseguro de ti mismo.

Ellos no tienen miedo de mostrar sus emociones o de armar un espectáculo cuando será ventajoso para ellos. Situaciones negativas hacen a la gente sentirse incómoda, lo cual puede darles una gran ventaja para ellos explotar.

Te presionarán para responder rápido a situaciones, de modo que no tengas tiempo de pensarlo. Quieren que reacciones por impulso, incluso a lo que puede parecer una demanda irrazonable.

Incluso pueden cortar toda comunicación contigo para irritarte y conseguir la ventaja. Esto les da una sensación de poder y te obliga a esperar a que ellos estén listos para continuar la relación.

Todas estas son tácticas que los manipuladores negativos usan como quieren. Mientras las leías, hay una buena probabilidad de que las hayas visto siendo usadas en ti, de vez en cuando. De hecho, puede que hasta tú mismo las hayas usado en otras personas.

Fuerza mental

Como maestro de la manipulación, es importante que reconozcas estas tácticas. Ninguna podrá funcionar, si eres capaz de reconocerlas al instante. Y si tienes inteligencia emocional lo suficientemente alta, sabrás cómo responder para evitar ser manipulado de formas con las que no te sientes cómodo.

Si intentan usar el miedo – toma el tiempo para examinar el entorno, recoge más información para tener claros todos los hechos y tomar una decisión.

Si están siendo engañosos – haz preguntas para descubrir la verdad, o habla con alguien confiable para verificar los hechos sobre la situación.

Si están siendo muy simpáticos – enfócate en tener un proceso de pensamiento más balanceado.

Si están siempre haciéndote pequeños favores – no dudes en decir no y rechazarlos.

Si siempre quieren coordinar los lugares de encuentro –insiste en un sitio neutral de reunión.

Si te hacen muchas preguntas personales – evita decir mucho.

Si hablan muy rápido – detenlos para hacer preguntas de verificación.

SI son propensos a estallidos emocionales – evita reacciones impulsivas. Espera que recobren la calma y hablan con ellos de una forma pausada e intencionada para equilibrar la situación.

Si te están presionando para tomar una decisión rápido – solicita más tiempo, o niégate.

Si te están ignorando intencionalmente – está dispuesto a alejarte o, por lo menos, a esperar que ellos vengan a ti, dándote la ventaja.

Otro gran manipulador del siglo 20 fue Martin Luther King, Jr. Tómate un momento y repasa su discurso de **Yo Tengo un Sueño**, y pregúntate por qué es tan poderoso. Por qué después de décadas, las palabras continúan resonando en quienes lo leen o escuchan. Fue su elección de palabras, pensadas para conmover y tocar las emociones de sus oyentes. Al mismo tiempo, mientras entregaba su mensaje, era capaz de mantener completo control de sus propias emociones, dejando mostrar sólo lo necesario para conmover a la audiencia para alinearse con él.

Entonces, mientras tu CI puede ser un instrumento para posicionarte en el lugar correcto y conseguir cierto nivel de éxito, es tu inteligencia emocional lo que tendrá mayor efectividad haciendo que otros para acompañarte en tu gran plan para obtener los resultados que buscas. Sin duda, necesitarás ambos, pero tu inteligencia emocional será un mayor indicador de tu éxito.

Por Qué los Maestros de la Manipulación Necesitan Inteligencia Emocional

Lisa Nowak era una persona altamente inteligente. Para el momento en que se postuló para el trabajo en la NASA, ya contaba con todos los criterios. Había completado un Master en Ingeniería Aeronáutica y un estudio de postgrado en astrofísica en la Academia Naval de los Estados Unidos. Ella pasó más de cinco años acumulando años de experiencia en pilotaje. Encajaba físicamente y tenía todo el conocimiento documental que pudiese necesitar. Ella fue seleccionada en el programa de astronautas sin problema.

Desafortunadamente, las cosas no salieron también para Lisa. En el año 2007, su incapacidad para controlar sus emociones le llevó a tomar decisiones apresuradas que destruyeron sus oportunidades completamente. Cuando descubrió que su, entonces pareja romántica, estaba involucrado con alguien más, tomó cartas en el asunto por sí misma. Hizo un viaje de 15 horas desde Houston hasta Orlando para confrontar y secuestra a la otra mujer, lo cual la llevó a tener un colapso emocional, terminando en la cárcel y finalizando su carrera por completo.

La evidencia es clara, nuestra inteligencia emocional dicta cómo nos comportamos. Nuestro comportamiento es el resultado final de un proceso lineal que tiene lugar en nuestros cerebros.

1. Un evento desencadenante ocurre
2. Nuestros sentidos captan el evento y lo transmiten a nuestro cerebro
3. Procesamos el evento mentalmente y producimos pensamientos y opiniones respecto a ello
4. Los pensamientos desencadenan una respuesta emocional
5. La emoción que sentimos desencadena un comportamiento específico
6. El comportamiento luego desencadena otro evento instigador
7. El ciclo comienza de nuevo

La clave para convertirse en un maestro manipulador es controlar el comportamiento y, ya que el comportamiento es desencadenado por nuestro estado emocional, es importante dominar bien nuestras emociones. No importa lo que hagamos con otros, comunicación, relaciones, negocios, o cualquier otra cosa, las emociones están detrás de todo el proceso. Si tienes una inteligencia emocional alta será más fácil para ti leer a las personas y manipular las situaciones para hacer que hagan lo que esperas.

Muchos de nosotros podemos identificar y reconocer nuestras propias emociones y cómo nos hacen reaccionar a eventos desencadenantes en nuestras vidas. Sin embargo, lo que comúnmente nos hace falta es la capacidad de ver esas mismas reacciones en otros. Uno de los factores más importantes es manejar un nivel de inteligencia emocional elevado para identificar reacciones emocionales en otros.

De acuerdo a un estudio realizado por Johnson & Johnson, los mejores desempeños en el lugar de trabajo eran de aquellos que mostraban un nivel más alto de inteligencia emocional. Los números eran muy impresionantes, mostrando que un 90% de los mejores trabajadores eran aquellos con inteligencia emocional alta, y un 80% de los peores mostraban una inteligencia emocional baja.

No importa cuáles sean tus objetivos o cómo planeas usar tus habilidades de manipulación, una inteligencia emocional alta puede ser uno de los factores más significativos para llegar a donde quieres estar.

9 Maneras de Desarrollar una Inteligencia Emocional Potente

Debido a que las emociones son tan poderosas, tienen un efecto directo en cómo interactúas en situaciones sociales. También pueden dictar tus estrategias de adaptación, la cantidad de dinero que gastas y qué hacer con tu tiempo. Como puedes ver, controlar tus emociones puede ser uno de los factores más importantes en determinar tu éxito, sin importar lo que hagas.

Mantén en mente que existe una gran diferencia entre desarrollar inteligencia emocional y suprimir tus emociones. Si te sientes triste o intentas esconder tus sentimientos, podría causarte más daño que bien. Las emociones suprimidas son lo que, generalmente, lleva a habilidades de adaptación dañinas, como comer más de lo debido, apostar y beber.

Dominar tus emociones y desarrollar una inteligencia emocional alta no es esconder o suprimir tus sentimientos, sino reconocer esas emociones y no permitirles tener poder de control sobre ti. En otras palabras, tú controlas tus emociones, y no al revés. Así que, si te encuentras de mal humor, necesitas tomar el mando y cambiarlo al escoger mostrar otra emoción. Pero aprender a cómo controlarlo tomará una inversión de tiempo y práctica. Aquí tienes algunas habilidades que te ayudarán a comenzar por el camino correcto.

1. Identificar Primero las Emociones Negativas

Generalmente, las emociones que son más propensas a meternos en problemas son las negativas. Cuando nuestras emociones negativas toman el control, frecuentemente tenemos reacciones impulsivas. Necesitamos tomar un momento para analizar lo que sucede dentro de nuestras cabezas. Tomando el tiempo para detenerte a pensar qué está pasando internamente antes de volverte exageradamente emocional, es menos probable que tengas una reacción precipitada a un evento desencadenante. Aprende a respirar un poco e intentar ver las cosas más objetivamente. Practicar el arte de la concentración puede ayudarte a ir más despacio y analizar una situación objetivamente, desde distintas perspectivas. Una vez que has identificado y etiquetado tu emoción, cruzas un umbral mental que te hace más fácil seguir adelante.

2. Cambia Tu Vocabulario

Tu elección de palabras para comunicarte dice mucho de quién eres por dentro. Analiza tu lenguaje para ver qué palabras utilizas para transmitir lo que quieres. Aquellos con un mayor nivel de inteligencia emocional son muy específicos cuando hablan, mientras que aquellos con una baja inteligencia emocional tienden a ser bastante vagos, sonando como si estuvieran eludiendo los problemas, en lugar de afrontarlos. La próxima vez que te encuentres en una conversación con alguien más, que no haya terminado bien, tómate el tiempo de analizar las palabras que utilizaste. Cómo hubieses podido ser más claro en tu comunicado. Es probable que comiences a ver tus propias deficiencias de comunicación, pero también reconocerás los factores emocionales desencadenantes en otros. Esto te dará una mejor oportunidad de abordar el problema, más que dejar a tus emociones catapultarte hacia un ciclo de comportamiento negativo.

3. Aprende a Ser Más Empático

Comienza viendo a otras personas de cerca. La gente, inconscientemente, te da señales verbales y no verbales, permitiéndote saber qué emociones están sintiendo. Esto te puede conceder una visión invaluable de las acciones que debes hacer, o palabras que debes decir para cambiar la dinámica. Pero, antes de reaccionar, tómate un momento para ponerte en su lugar y pregúntate cómo querrías que alguien reaccionara. Esto puede ser una herramienta clave de comunicación que puede llevar a mejores conexiones con otros, y recordarte que toda situación no se trata siempre de ti.

4. Conoce Tus Factores Estresantes

Todos tenemos nuestros propios desencadenantes, eventos que nos generan estrés y ansiedad. Estos factores son los que pueden sacarte del juego; así que, si conoces cuáles son, puedes desarrollar estrategias que pueden lidiar con ellos antes de reaccionar negativamente. Entonces, si sabes que mirar las facturas te hierve la sangre, planifícalo para un momento en el que sea menos probable que vayas a interactuar con otras personas. Si sabes que el sonido del teléfono durante la cena te enfurece, desconéctalo hasta que la cena acabe. Siendo proactivo en estas situaciones, puedes evitar altercados negativos con otros.

5. No Permitas a los Retos Derribarte

No importa quién seas, todos nos enfrentamos a retos. Este hecho por sí solo no es indicador de qué tipo de persona eres. Es el comportamiento que esos retos desencadenan lo que puede decirle al mundo quién eres. El cómo abordas problemas incómodos puede encaminarte hacia el éxito, o derribarte. Entonces, cuando estés frente situaciones desagradables, aprende a tomar una visión más optimista en vez de una crítica. Por ejemplo, si te das cuenta de que estás teniendo dificultades con tu empleador, puedes abandonar su oficina quejándote de lo que él o ella haya dicho, o puedes hacer preguntas constructivas y tratar de idear estrategias proactivas para disipar la situación. Aprende cómo lidiar con el conflicto antes de que surja y adopta un abordaje más optimista. Esto comenzará a gradualmente cambiar tu comportamiento personal y comenzará a atraer más personas hacia ti.

6. Procura Entender la Motivo Detrás de tus Emociones

Una vez que eres capaz de identificar cuáles emociones estás experimentando, necesitas intentar entender el por qué. Tu meta es descubrir el evento desencadenante que causó que estas emociones surgieran. Puede que tome algo de tiempo, pero raras veces el evento desencadenante es la causa de esos sentimientos. Puede que te des cuenta de que debes mirar más atrás en tu vida para descubrir por qué ciertos eventos te mueven a reaccionar de la forma en que lo haces. Muy a menudo no se trata del evento lo que te causa angustia, sino que la situación no respeta tus valores personales de alguna manera. Esto requerirá que desarrolles algo de fría honestidad para ayudarte a descubrir tus propias verdades ocultas.

7. Soluciona el Problema

A veces, todo lo que se necesita para disipar una situación difícil es aprender cómo mirarlo desde una perspectiva diferente. Recuerda el ciclo – pensamientos llevan a emociones, que llevan a comportamiento. Si te sientes mal sobre algo, ve atrás a tus pensamientos y cambia el diálogo. Después de identificar el pensamiento desencadenante, trata de crear diferentes pensamientos posibles que puedan cambiar el resultado. Enfócate en lo positivo, y los sentimientos negativos usualmente se irán. Otras veces, puede que descubras que mucha de la negatividad que has acumulado puede aliviarse simplemente entendiendo lo que sucede. Este proceso de redirección es clave para ganar control sobre tus emociones y, usualmente, te lleva hacia una personalidad mucho más calmada.

8. Toma una Decisión Diferente

Después de haber resuelto el problema en tu mente, debes decidir reaccionar de una forma diferente en el futuro. Esto puede ser un poco difícil, ya que sabemos que en el momento crítico del asunto, el pensamiento racional casi nunca está presente. Pero mucho de nuestro comportamiento es, realmente, el resultado del hábito; tenemos comportamientos automáticos para ciertas situaciones, y ha sido así por tanto tiempo, que nunca nos hemos detenido a considerar si nuestra respuesta está funcionando o no. Nadie quiere ser el chico que sale de sus casillas a la menor provocación; es estresante para todos, incluido él. Toma una decisión hoy, de no permitir a tus emociones apropiarse de ti y llevarte por el camino de la destrucción. Aprender a dominar esta habilidad no es algo sobre lo que puedes solo leer, y al siguiente día saber exactamente qué hacer. Fracasarás muchas veces, te costará restringirte, pero gradualmente harás el cambio.

9. Minimiza el Humor Negativo

Cuando te encuentres de mal humor, haz un reajuste tan pronto como puedas; de lo contrario, te hallarás envuelto en un comportamiento que te aislará. Evita ser evasivo, esto realmente puede resultar contraproducente en tu intento de convertirte en un maestro de la manipulación. Podrías terminar quejándote de las personas a tu alrededor o situarte dentro de un escenario sin conversa o atacando a otros.

Así que, es inteligente planear con antelación. Piensa en las cosas que generalmente te ponen de buen humor, para que comiences a hacer esas cosas cuando los sentimientos negativos comienzan a surgir. Por ejemplo, podrías querer hablar sobre cosas placenteras con amigos, escuchar tu música favorita, dar una caminata o meditar. Mantendrá tu mente enfocada en lo que es importante, y así te alejas de los sentimientos negativos antes de que se conviertan en un problema.

Una cosa es identificar emociones y entenderlas, pero dominarlas puede ser muy difícil. Nuestras emociones no son constantes y pueden ascender o caer como las olas de un mar, por lo que puede ser difícil de mantener bajo control. Nadie se encuentra complacido todo el tiempo, y nadie es siempre imprudente. Todos tenemos ciertos desencadenantes que sacan lo peor de nosotros, pero si practicas estos pasos lo suficiente, eventualmente comenzarás a ver cambiar la corriente y obtendrás el dominio sobre ello. Mientras lo hagas, tu inteligencia emocional se fortalecerá y estarás más sintonizado con tus propios demonios internos. Esto te dará la confianza necesaria para hacerte cargo de situaciones incómodas, cambiando tu estado de ánimo y dándote mayor control sobre cualquier situación en la que te encuentres.

Cómo Controlar tus Emociones Como un Veterano

Cuando el mundo te está cayendo encima, existe un poderoso y abrumador sentimiento de que estás perdiendo el control, lo cual puede ser bastante aterrador. No importa si tiene que ver con algo en casa o en la sala de juntas junto a un equipo de profesionales. La presión de una corriente constante de cosas acumulándose puede hacerte sentir claustrofóbico, llevándote a hacer algo rápido para cambiar la situación. Estos pueden ser los momentos que nos obligan a cometer nuestras mayores reacciones impulsivas, las cuales son, usualmente, las que nos meten en problemas.

A veces, tomar unas pocas respiraciones profundas o una caminata no es suficiente. Mientras la cortisona en tu organismo comienza a aumentar, sientes tu pecho apretado o el nudo en tu estómago comienza a crecer. Comienza a gritar a cualquiera que esté cerca de ti, responsables o no. Podrías amenazar a alguien, o salir corriendo de la habitación, cerrando la puerta detrás de ti al estilo de una rabieta infantil. Ese es el momento en el que estás a punto de explotar. Cómo puedes recuperar tu vida y asegurarte de que tus emociones se mantengan bajo control, cuando todo parece estar fuera de tus manos.

Todos hemos estado frente a un escenario así, o algo similar nos ha sucedido. Después nos vemos invadidos por la culpa y la vergüenza por nuestro comportamiento. Pero lo que quizás no notamos es que nuestras emociones han desencadenado una reacción química en tu cuerpo, que comenzó un efecto dominó que fue casi imposible de controlar después de iniciado.

Por otra parte, todos hemos visto a ése jefe, padre, profesor, u otra figura de autoridad que parece mantener su compostura, sin importar cuán desesperante la situación pueda ser. ¿Cuál es la diferencia? Se resume a un simple factor. Ellos fueron capaces de controlar sus propias emociones, de modo que el comportamiento negativo nunca apareció. La verdad es que dominar tus emociones puede, literalmente, transformar tu vida y tu personalidad, habilitándote para sacar a relucir tus mejores cualidades, más que las peores.

Si te puedes identificar con cualquiera de estas situaciones, debería resultarte claro que las emociones no son inherentemente malas. Todos las tenemos por una razón; están allí para advertirnos de situaciones que son incómodas, peligrosas o desagradables. Pero, ya que las escuelas están primeramente enfocadas en enseñarnos el conocimiento que aparece en los libros, muchos de nosotros tenemos que aprender a manejar nuestras emociones por nosotros mismos y nunca dejamos atrás esas hábitos rabiosos temperamentales que mostrábamos de niños.

Pero no tiene que ser así. Haciendo un gran esfuerzo de tomar control de tus emociones, puedes, literalmente, comenzar a hacerte cargo de la situación. En lugar de permitirle a tus emociones dirigir tu comportamiento, tú diriges tus emociones. ¿Cómo puedes hacer esto?

Desarrollando algo llamado habilidades reguladoras de emoción. En esencia, estas son habilidades únicas diseñadas para dominar esas ganas y emociones impulsivas que surgen de todos nosotros. Mientras más domines estas habilidades, más seguridad tendrás al administrar tus emociones y controlarlas. Este será un gran paso en tu entrenamiento para convertirte en un maestro de la manipulación. Es un proceso de dos pasos:

1. **Identifica tus sentimientos y acéptalos por lo que son**

No puedes controlar lo que no logras entender. Pero no es suficiente decir, "estoy molesto" o "estoy frustrado". Éste es un punto de partida, pero debes apuntar a ser más específico en el proceso de identificación. ¿Estás molesto porque estás asustado? ¿Estás frustrado por la carga de trabajo o porque no te sientes calificado para manejarlo? Identificando la raíz de la emoción negativa, comienzas a entender cuáles son tus verdaderas emociones. Rara vez son las que revelamos al público, una imagen real de quiénes somos.

Es importante que te deshagas de la necesidad de juzgarte a ti mismo. Tu objetivo aquí es meramente identificar la situación, no justificar, explicar ni juzgar. Reconócelo por lo que es, no te resistas a ello, sólo acéptalas por lo que son y sigue adelante. Luego te ocuparás de corregir estos hábitos.

Es importante hacer esto tan pronto notes una sobrecarga emocional surgir. Trabaja en expandir tu vocabulario y ve más allá de sólo afirmar lo obvio. Mientras trabajas en desarrollar éstas habilidades, serás pronto capaz de discernir incluso los más pequeños cambios de humor.

a. Identifica que estás teniendo una emoción
b. Detente y analiza
c. Qué pensamientos están llegando a tu mente
d. Qué sensaciones percibes en tu cuerpo
e. Identifica la emoción
f. Trata de discernir las sutilezas y lo que ha cambiado
g. Cuál es la reacción que intentas suprimir
h. Observa

Aquí, estás trabajando como un observador distante. En lugar de permitir que la emoción aflore en ti, usa tu imaginación y deja que se represente en frente de ti, como si fuera un actor en un escenario.

Deja que transcurra, míralo intensificarse y luego disiparse frente a ti, sin volverte parte de ello.

2. Toma Acción Positiva

Una vez que estás familiarizado con la emoción, te resultará mucho más fácil manejarla. Mientras observas la emoción siendo representado frente a ti, retrocede para ver el panorama general. En muchos casos, serás capaz de llevar a tu mente a un estado más calmado. A menudo, simplemente tomando un momento para identificar y mirar el panorama, es suficiente para llevar tu mente a un estado de ánimo más calmado.

Si eso no funciona, puedes avanzar al siguiente paso y encontrar algo que pueda distraerte de tus sentimientos negativos actuales. Intenta desempeñar una tarea tranquilizante que tengas a la mano para equilibrar tu mente de nuevo. Muchas personas optan por hacer algo que instintivamente disfrutan, como caminar, hacer observaciones, respirar profundo, confeccionar o colorear. La clave, aquí, es tener algo que naturalmente te relaje. Todos somos diferentes, por lo que actividad tranquilizante puede ser algo único para todos a tu alrededor.

Dominando tu regulación de emociones, te volverás naturalmente más seguro y competente. Una vez que tus emociones ya no están controlándote, será más fácil para ti ver cómo dominar la manipulación. La conclusión de esto es que nunca puedes esperar manipular a otros hasta que seas capaz de manipularte a ti mismo. Una vez que has desarrollado bien tu inteligencia emocional, no sólo verás cómo te cambia internamente, sino que, por extensión, tendrá un efecto positivo en todos a tu alrededor. Tomará dedicación y trabajo duro. No serás capaz de alcanzarlo de una vez y necesitarás mucha práctica, pero los resultados rendirán muchos más frutos y serás capaz de ver las ventajas en los cambios mientras progresas.

Capítulo Tres: Escoge Tu Blanco

Después de pasar por el proceso descrito en el último capítulo, es probable que hayas llegado a aprender algo nuevo sobre ti mismo. La mayoría de las personas se sorprenden al saber qué es lo que realmente las hace funcionar, y es aún más sorprendente descubrir cuáles son sus factores desencadenantes. Ahora que te entiendes mejor, es más fácil determinar exactamente lo que necesitas para cambiar tus circunstancias y avanzar hacia tu meta. No puedes manipular o influenciar a otras personas, si no puedes manipularte a ti mismo.

Otra ventaja de dominar las habilidades en el último capítulo, es que te vuelves más consciente de los demás a tu alrededor. Al prestar más atención a las señales verbales y no verbales que dan, casi te sentirás como si fueras un lector de mentes. Podrás discernir sus estados de ánimo, deseos, miedos, etc. Este conocimiento puede ser utilizado para encontrar tu primer blanco para la manipulación.

Al elegir un objetivo, busca ciertos rasgos que el individuo demuestre, que indiquen que está abierto a recibir y responder a tus poderes de influencia. Entonces, a medida que examines prospectos potenciales, busca estas características. No asumas que, si alguien está exhibiendo estas cualidades, es de alguna manera inferior a ti u otros. Por el contrario, muchas de las siguientes cualidades son admirables. Como ya hemos dicho, cualquier faceta del carácter de una persona puede ser utilizada tanto de manera positiva, como negativa. Únicamente buscamos una puerta para entrar y poner en práctica un posible medio de ejercer tu poder de persuasión.

Son Concienzudos

Las personas que son concienzudas no es probable que se concentren completamente en sí mismas. Ellos se preocupan por la calidad de su trabajo, el bienestar de los demás y su compromiso con cualquier tarea que les haya sido asignada. Si bien pueden estar preocupados por la forma en que los acontecimientos les afectarán, su principal preocupación vendrá determinada por su brújula moral. Para poder ejercer algún nivel de influencia sobre ellos, es necesario aprovechar su poderoso sentido de moralidad. Una vez que puedas mostrarles cómo pueden lograr sus objetivos en relación con eso, tendrás un poderoso método para persuadirlos de que hagan lo que quieras que hagan.

Tienen Empatía

Un buen objetivo tendrá fuertes tendencias empáticas. La empatía puede ser vista como el combustible emocional puedes usar para impulsarte hacia tus metas. Las personas con empatía a menudo reciben elogios, atención y recursos valiosos libremente, poniéndote en un estado de comodidad a medida que haces saber tus peticiones o necesidades.

La gente empática es excelente para ponerse en tu lugar. Ellos pueden sentir tu dolor en su corazón y, debido a esto, harán todo lo que esté a su alcance para aliviarte de ello.

Puedes usar esa empatía a tu favor contándole una historia, disculpándote o enmarcando cuidadosamente un escenario para ganar su simpatía.

Son Íntegros

Una persona con integridad es fiel a su palabra, y puede ser de inmenso valor para ti. No se inclinan a engañar o robar, ni es probable que rompan una relación hasta que sea absolutamente necesario. Incluso si más tarde se dan cuenta de que te has aprovechado injustamente de ellos, su sentido de integridad es, generalmente, lo que les impide tomar represalias. La relación que construyas con ellos será fuerte y todo su sentido de ser evitará que la traicionen, pase lo que pase.

Son Resilientes

Un buen blanco será lo suficientemente resistente, como para recuperarse de cualquier incidente que pueda causarle daño. Esta resiliencia los hace lo suficientemente fuertes como para resistir las presiones que tú puedes ejercer sobre ellos. Incluso si se enfrentan a retos difíciles, estas son las personas que es menos probable que se den por vencidas. Aunque todos sus instintos les digan que corran en sentido contrario, es más probable que mantengan el rumbo, a pesar de todo.

Establecer una relación con ellos es lo mismo que atarlos a ti. Es poco probable que se vuelvan contra ti, aunque descubran que están siendo manipulados.

Son Sentimentales

Una persona que es muy sentimental dirige con su corazón todo lo que hace. Un manipulador puede usar halagos y elogios para posicionar al objetivo y prepararlo para la persuasión. Las palabras utilizadas deben abordar sus necesidades y deseos únicos. Al idolatrarlos desde el principio de la relación, puedes ganarte su confianza y apelar a su necesidad más básica de amor. Crear recuerdos placenteros juntos atrae a sus corazones y los une en una relación que puedes usar más tarde para conseguir lo que quieres.

La mejor manera de influir en un sentimentalista es estudiarlo cuidadosamente, determinar sus cualidades individuales y las cosas que más valora. Al establecer una relación con ellos y captar sus señales verbales y no verbales, puedes descubrir sus inseguridades y debilidades.

Estas son las características básicas que encontrarás en aquellos que son blancos fáciles de manipular. Esto no significa que sean los únicos con los que podrás trabajar tu magia, pero son con los que probablemente tendrás más éxito, a medida que empieces a aplicar las estrategias de manipulación que discutiremos a lo largo de este libro.

¿Qué Atrapa a la Gente?

Cualquier cosa que llame nuestra atención puede ser utilizada como una herramienta clave de manipulación. Por lo tanto, a la hora de elegir un objetivo para persuadir de una u otra manera, es importante que utilices esas cosas que, naturalmente, engancharán a la gente y la atraerán hacia ti. Tu gancho, sin embargo, tiene que ser algo sobre lo que tu objetivo no tenga que pensar demasiado. De hecho, no quieres que tengan ni el más mínimo indicio de que los estás atrayendo. Con la habilidad correcta, serás capaz de atraerlos sutilmente a tu círculo sin hacerlos conscientes de que están atrapados en tu red.

Ya sea que estés tratando de atraer un interés amoroso, o de poner el pie en la puerta de tu próximo trabajo, tu primera tarea es atraer a la persona. Esto puede ser complicado y, las respuestas pueden variar dependiendo de tu objetivo. No obstante, hay hilos comunes que se pueden encontrar en todo tipo de personas. Dado que la mayoría de las personas están más inclinadas a escucharte cuando se sienten respetadas, es un hecho que, si puedes aprovechar su sentido personal de sí mismas, estarás a medio camino. Considera estas cualidades básicas y pruébalas para ver si funcionan con tu objetivo.

Conviértete en un Buen Oyente: La gente se sentirá naturalmente atraída hacia ti si siente que estás escuchando lo que tienen que decir. Pero esto implica algo más que dar la apariencia de que estás está interesado en lo que tienen que decir. Cuando eres un oyente dedicado, estás totalmente comprometido con su mensaje.

Esto hace varias cosas que pueden funcionar a su favor. Primero, te convertirás en un mejor comunicador, pero también estarás construyendo un nivel de confianza entre tú y la otra persona. Esa relación funcionará a un nivel subconsciente, lentamente construyendo una conexión más profunda y significativa entre los dos.

Un oyente activo requiere compromiso y concentración. Puede que no sea fácil al principio, pero debes mostrar un gran interés en lo que la otra persona está diciendo. Eso significa no responder a distracciones o interrupciones, sino estar completamente presente en el momento. Es posible que tengas que hacer preguntas para obtener aclaraciones, insertar regularmente palabras en la conversación para que sepan que aún estás con ellos, apagar o no contestar el teléfono cuando recibas llamadas, y prestarles toda tu atención.

Sé Observador

Escuchar activamente también significa observar las señales no verbales de la otra persona. Estarás prestando mucha atención a su lenguaje corporal y a su entonación verbal. En otras palabras, quieres no sólo escuchar lo que te están diciendo, sino también cómo lo están diciendo. Esto le dará información valiosa sobre su estado emocional.

Por ejemplo, si están lloriqueando o hablando en un tono bajo de voz, puede ser una señal de que están preocupados o temerosos. Sin embargo, si están gritando, podría ser una indicación de que están enojados o frustrados.

Pero, para que estas observaciones los atraigan, necesitas encontrar maneras de mostrarles que estás comprometido con ellos. Al reflejar algunas de sus expresiones y clarificar tu comprensión de esos puntos, les demuestras que estás formando una nueva relación con ellos. Los hará encariñarse contigo en un nivel subconsciente. Cuanto más puedan creer que valoras su opinión y su mensaje, más atractivo serás para ellos y te responderán acordemente.

Amabilidad

Vivimos en un mundo donde la bondad verdadera y genuina es difícil de encontrar. Si realmente quieres enganchar a la gente, todo lo que necesitas es un simple acto de amabilidad. La bondad no significa necesariamente dar regalos. Aunque eso puede ser parte de ella, a veces sólo el hábito de decir palabras amables, sonreír o mostrar una genuina consideración puede ser todo lo que se necesita para demostrarle a la gente que te importan.

Esto no debería ser una sorpresa para ti. Probablemente ya hayas experimentado cómo respondes a las personas que son amables contigo. No deberías pensar menos de aquellos que estás tratando de atraer a tu círculo. De hecho, se ha demostrado científicamente que, tanto los hombres como las mujeres, se sienten más atraídos por las personas que son compasivas y desinteresadas. En realidad es un medio muy poderoso para atraer a otros, y puede literalmente influenciar a una persona aunque el acto de bondad no haya sido hacia ellos. En otras palabras, también puede funcionar si son meros observadores de tus actos de bondad, aunque no sean los receptores.

El concepto de bondad puede extenderse más allá de lo obvio. Un estudio realizado en el 2013, demostró que tanto hombres como mujeres se sentían atraídos por personas que tenían un espíritu de ayuda más fuerte y que, en realidad, los encontraban más atractivos en todos los niveles. Demostrar una preferencia por los demás de una manera servicial, puede atraer a las personas en los niveles más básicos, ya que esto es una indicación de que una persona servicial satisfará la necesidad de protección en un mundo peligroso.

Sonreír

Enganchar a la gente puede ser tan fácil como sonreír. Es el único acto que no te costará nada, pero puede producir muchos resultados. Sonreír no sólo te hace destacar como alguien amable y útil, sino que también libera tus propias endorfinas y serotonina en tu cuerpo. Ambas sustancias químicas, producidas naturalmente, no sólo mejorarán tu propio estado de ánimo, sino que también son lo suficientemente contagiosas como para mejorar el estado de ánimo de las personas a tu alrededor, incluido tu blanco.

Los estudios han demostrado que el simple hecho de ver una cara sonriente puede activar el centro de placer del cerebro, dando a tu objetivo una sensación de satisfacción y recompensa. Según la Escuela de Psicología de la Universidad de Aberdeen, en Escocia, aquellos que recibieron sonrisas de otros (aunque sea indirectamente) se sintieron naturalmente atraídos a la persona que sonreía.

Consistencia

La gente anhela estabilidad en sus vidas. Si te tomas en serio la idea de atraer a otras personas hacia ti, entonces la consistencia es la clave. La inestabilidad en el trabajo, en la vida familiar, incluso en la dieta, causa angustia a la gente. La vida se vuelve impredecible y confusa. Una persona que tiene a alguien inconsistente en sus vidas, nunca gana la habilidad de sentirse segura.

Tu blanco será naturalmente atraído hacia ti en un nivel subconsciente, si tu comportamiento es consistente y confiable. Para reforzar esta atracción gravitacional, si tu consistencia está sintonía con tus actitudes personales, creencias y valores esenciales, será mucho más fácil atraerlos.

Obligación

Las personas también pueden ser enganchadas y atraídas hacia ti atándolas a ti. Esto es interesante porque, a menudo, la obligación comienza incluso antes de hacer algo directamente. Piense en la empresa que ofrece un regalo de muy poco valor. A veces denominada teoría de la reciprocidad, es un concepto que está profundamente arraigado en nosotros desde una edad muy temprana. Cuando alguien hace algo por nosotros, nos sentimos en deuda de corresponder de alguna manera. Puede que no esperen nada a cambio, pero el poder es tan fuerte que nos compromete de todos modos.

Este poder es tan fuerte que sólo hay una manera de librarnos de esta necesidad de devolver el favor, y es hacer algo por la otra persona. Incluso si no quieres o ni siquiera te gusta el regalo o favor, te sientes frecuentemente obligado, con un sentido de urgencia, a hacerlo. Es un tipo de deuda psicológica que a veces puede ser tan fuerte, que lleva a una persona a veces a excederse por mucho del regalo original.

Conexión

Es una inclinación natural en todos nosotros. Cuanto más conectados estemos con los demás, más influencia tendrán sobre nuestras decisiones. Al crear un vínculo, creas comodidad en los demás. Incluso si tienes poco tiempo conociéndolos, ese vínculo puede hacer que parezca una relación de toda la vida.

Hay cuatro elementos principales para una fuerte conexión:

- Atracción: Al elegir una única cualidad positiva y utilizarla para influir en la percepción general, la gente se sentirá naturalmente conectada contigo. Mostrando cualidades como la amabilidad, la inteligencia y la lealtad, la gente te encontrará más atractivo.

- Relación: La relación es un poco más difícil de definir. Es una cualidad oculta que te pone en la misma onda mental que la otra persona. Es esa sensación que sientes cuando conoces a alguien y te llevas bien al instante. Ese algo secreto que automáticamente te une con otra persona. A veces la relación es fácilmente reconocible como una atracción física o un entendimiento común. Otras veces es un poco más difícil de identificar. Probablemente has visto casos en los que dos personas no tienen un terreno común obvio, pero desarrollan una relación de igual manera.

- Habilidades Sociales: Tu habilidad para trabajar bien con las personas puede forjar un fuerte vínculo con ellas. Según algunas investigaciones, al menos el 85% de tu éxito dependerá de cómo interactúes con los demás; el otro 15% puede estar relacionado con tu inteligencia y entrenamiento específico. Como discutimos en el capítulo anterior, tu inteligencia emocional es crucial para tu habilidad de tomar esa base de conocimiento y habilidades y conectarla con otras personas.

- Similitud: La gente se siente naturalmente atraída por cosas con las que está familiarizada. Por lo tanto, al utilizar aquellas características con las que la gente se siente cómoda, puedes conectarte con más personas. Los estudios han revelado que las personas se sienten naturalmente atraídas por cosas con las que pueden relacionarse y comprender. Al emparejar tus rasgos de personalidad con sus estilos de vida, se verán impulsados a conectarse contigo.

Cuando se juegan estos cuatro elementos, se puede construir un fuerte vínculo en el que se pueden basar las relaciones a largo plazo.

Presión Social

Debido a que somos criaturas sociales por naturaleza, todos nosotros, no importa lo tímidos que seamos, tenemos un deseo innato de pertenecer a algo. Un buen manipulador buscará definitivamente a alguien que esté en la búsqueda de alguna forma de inclusión, para usarlo a su favor. Para todos nosotros, si el deseo de ser un grupo es lo suficientemente fuerte, puede hacer que cambiemos nuestro punto de vista y nuestras percepciones para poder encajar.

A todos nos importa, hasta cierto punto, lo que los demás piensen de nosotros y todos buscamos la validación, aunque no queramos admitirlo. Es este deseo innato de encajar con la multitud principal lo que determina nuestra visión de lo que se considera un comportamiento "correcto". Si nuestras acciones van en contra de la corriente dominante de las masas, nuestro comportamiento está mal visto, pero cuanto más encajamos, más nos percibirán los demás "correctos" y es más probable que estén dispuestos a estar de acuerdo con lo que tú quieres. Es una parte natural de la naturaleza humana, y cuanto más se pueda crear una forma aprobada de presión social, más sus objetivos se sentirán validados y unidos a ti.

Escasez

La gente tiene un impulso interno para no perderse las cosas. Esta es la razón por la que las ofertas de tiempo limitado, por lo general, funcionan muy bien cuando se trata de ventas. La tendencia natural es posponer las cosas hasta un momento posterior, cuando no existe una necesidad inmediata real; pero al crear un sentido de urgencia, se puede desencadenar una reacción de impulso que obligará a las personas a moverse, incluso si sus propias mentes les dicen que no es necesario.

La escasez desencadena ese miedo innato a perderse algo. Piensa en cómo funcionan las cosas en una subasta. Por lo general, en una subasta, hay una oferta limitada de un artículo específico (a menudo sólo uno). Cuando otra persona ofrece más que tú, una especie de pánico comienza a aparecer. ¿Qué pasa si no puedes encontrar este artículo de nuevo? ¿Qué pasa si alguien considera el artículo más valioso que tú? ¿Quizá se te pasó algo por alto? Todo tipo de pensamientos comienzan a correr por tu cabeza y de repente, el impulso para obtener ese objeto se vuelve más poderoso que tu propio sentido común. No importa lo que hayas planeado antes del evento, rápidamente desaparece cuando este factor comienza a ejercer presión sobre ti.

Este factor puede ser extremadamente poderoso cuando se juega de la manera correcta. Cuanto más escasez se pueda crear, más valioso será a los ojos de los demás.

Lenguaje

Tu elección de palabras también tiene una gran influencia en otras personas. Debido a que somos criaturas sociales, al menos el 60% de nuestra vida diaria se dedica a la comunicación oral. Al elegir palabras que atraen a los oídos de tu blanco, puedes captar su atención y dar vida a tu historia. Las palabras pueden generar una poderosa fuente de energía y convencer a la gente para que responda a tu mensaje. De la misma manera, las palabras equivocadas pueden aplastar todo tu duro trabajo, en cuestión de segundos.

Cuanto más adepto seas en el uso de la palabra hablada, más persuasivo serás. Aunque el lenguaje corporal constituye la mayor parte de nuestras habilidades de comunicación, no subestimes el poder de tus palabras. Tienen un impacto directo en las creencias, actitudes y percepciones de quienes nos rodean. Usado de la manera incorrecta, podrías perder mucho más de lo que esperabas. Incluso los locutores están específicamente entrenados para usar ciertas inflexiones en sus voces, para proyectar un sentido de autoridad y conocimiento.

Los elementos del control por voz también influyen en las personas. Considera cómo enfatizas las palabras, tu tono, ritmo, relleno, volumen, articulación e incluso dónde haces una pausa cuando hablas. Incluso tu falta de palabras tiene poder. Saber cuándo hablar y cuándo dejar que el silencio tenga poder dice mucho sobre tu propio nivel de confianza.

Crear Contraste

El contraste suele ser algo que se entiende mejor en el arte, pero cuando se aplica en la persuasión, puede literalmente vincular a alguien a ti con poco esfuerzo. Cuando presentas a alguien con dos escenarios que parecen ser mundos aparte, estás creando un contraste. Imagínese darse cuenta de que necesita miles de dólares para redecorar su casa, y luego saber que la mayor parte del costo puede ser eliminado usando un diseñador diferente. Esto está creando contraste. Lo más probable es que te sientas en deuda con el nuevo diseñador o contratista que te ahorró todo el dinero, incluso si más tarde se entera de que ninguno de los otros gastos que pensó que necesitaba era necesario.

La clave para el éxito de usar el contraste es usar los dos escenarios juntos. Si se deja pasar demasiado tiempo antes de que se presente la opción favorable, el contraste pierde gran parte de su poder. Debido a que la gente se sentirá naturalmente atraída por las noticias positivas, cuando escuchan informes negativos, por lo general se sienten emocionalmente intimidadas. Aquí, el tiempo es la clave. Si envía su concepto en rápida sucesión con otra gran idea, su mensaje tendrá poco impacto. No hay suficiente contraste entre las dos ideas. Sin embargo, si envías tu idea inmediatamente después de que otra persona presente una mala idea, el poder de tu mensaje llegará al corazón de los oyentes y verás una reacción inmediata.

Crear Expectativa

Muchas personas toman decisiones basadas en lo que saben que otros esperan que hagan. Vemos esto a menudo en los niños. Si los padres esperan que se comporten mal en una situación dada, generalmente los obligarán. Lo mismo se aplica a todos nosotros. Si tu blanco es consciente de tus expectativas, por lo general actuará en acordemente.

La gente tiene todo tipo de formas de mostrar lo que espera de ti. Algunos te dirán directamente lo que quieren y otros utilizarán medios más sutiles. Por ejemplo, si vas a conocer a alguien por primera vez, el modo en que te presentas les permite saber exactamente cómo quieres que te traten. Si usas tu título y apellido, entonces ellos saben que quieres ser tratado de esa manera. Sin embargo, si les dices un apodo o sólo un nombre, es más probable que se sientan más relajados y cómodos contigo. La casualidad en tus palabras puede hacer que se sientan cómodos.

Cada vez que te comunicas con otros, les haces saber cuáles son tus expectativas.

Participación

Tienes mucha más influencia sobre otra persona cuando está involucrada en lo que tú estás haciendo o diciendo. Los esfuerzos por involucrar a la otra persona requieren que aproveches sus percepciones sensoriales. Todos tenemos cinco sentidos que alimentan continuamente el cerebro. Mientras más de estos sentidos seamos capaces de incorporar, más involucrada y comprometida estará la otra persona contigo. Al crear una atmósfera muy específica, puedes ejercer una poderosa influencia sobre ellos.

El mero hecho de hablar con la otra persona no es suficiente para influir en la gente, porque escuchar es simplemente un ejercicio pasivo. No evoca ninguna emoción o conexión. Sin embargo, si la otra persona está escuchando, oliendo, probando y sintiendo todo al mismo tiempo, sería casi imposible que su mente se desviara y se concentrara en otra cosa.

Hay varias maneras de crear un sentido de participación en la otra persona. Si estás en una conversación con ellos, asegúrate de que la conversación no sea unilateral. Haz preguntas informativas que los obliguen naturalmente a contribuir a la discusión. Puedes involucrar su mente creativa contando historias diseñadas para tocarlos emocionalmente. Al crear una atmósfera de suspense, puedes mantenerlos aferrados a cada una de tus palabras hasta que alcances la meta fijada. Cuanto más involucrada esté una persona en tu objetivo, más probable es que haga lo que sea necesario para darte lo que quieres.

Construir Autoestima

Uno podría pensar que una persona con autoestima débil es fácil de manipular, pero eso no sería del todo correcto. La creencia general es que cualquiera que carece de autoestima anhela ser aceptado. La realidad es que la aceptación, el elogio y reconocimiento es una necesidad común compartida por todos nosotros. Habla del núcleo de lo que significa ser humano.

Mira lo que sucede cuando elogias a alguien, incluso con las expresiones más pequeñas e insignificantes. Se puede ver literalmente cómo se levantan sus espíritus y cómo cambian de humor. Todos los humanos necesitan alabanza y reconocimiento. De hecho, es la única manera en que una persona se construye psicológicamente con el tiempo. El elogio de los demás satisface nuestra necesidad de ser parte de algo más grande que nosotros mismos.

Al persuadir a otros, presentar tu mensaje de una manera que edifique a tus oyentes te llevará mucho más lejos de lo que imaginas. Cuanto más los construyas, más se inclinarán a seguirte hasta tu meta. Esta regla es válida para todas las personas, independientemente de su nivel de autoestima. Pero con el mero hecho de que la autoestima es clave para su conexión contigo, tu meta debe ser hacer que tu oyente se sienta necesitado y respetado.

Sin embargo, tendrás que caminar por una línea muy fina. Hay una gran diferencia en ayudar a construir la autoestima de alguien y aumentar su ego. Así que, no te pases de la raya cuando se trata de esta práctica. Asegúrate de entender la diferencia, ya que esta cualidad podría ser contraproducente para ti.

Asociación

Como seres sociales, nuestros cerebros buscan inconscientemente conexiones en todo lo que hacemos. Hacemos esto tan rápido que rara vez reconocemos que hemos categorizado automáticamente a las personas tan pronto como hacemos una conexión. Estas categorías ponen instantáneamente a algunas personas más cerca de nosotros y a otras más lejos. La categorización se basa en un sinfín de opciones. Podríamos decidir dónde encajan en nuestras vidas basándonos en los colores que usan, las personas con las que están, los trabajos que tienen, la música que escuchan, o incluso las emociones que expresan. Utilizamos estas asociaciones para hacer juicios sobre ellas y cuán profunda será nuestra relación con ellas.

Cuando tratas de aplicar tus poderes de persuasión utilizas esta necesidad interna e instintiva para crear el tipo de relación que necesitas. Puedes aprovechar para sacar a la luz ciertas emociones que necesitas que empleen para vincularlas contigo. Obviamente, la idea de asociación de cada persona será diferente, así que antes de que puedas usar el arte de la asociación, necesitas aprender lo suficiente sobre esa persona para averiguar qué tipo de asociaciones necesitas.

Equilibrio

Cuando estás manipulando a tu blanco, tu enfoque debe estar en sus emociones, pero eso no significa que puedes descuidar tu capacidad de razonar sobre las cosas. Tiene que haber algún nivel de equilibrio para obtener los resultados deseados. Puedes ser capaz de evocar una respuesta emocional poderosa que puede durar por un tiempo, pero nadie puede mantener emociones intensas todo el tiempo. De la misma manera, puedes ser capaz de utilizar el razonamiento cuidadoso y el análisis lógico de una cierta situación, pero eso eventualmente se volverá aburrido y pueden perder interés.

Las emociones pueden estimular a una persona a la acción, generando la energía necesaria para moverla en la dirección que quieres que vaya. La lógica funciona al establecer una base en la que pueden confiar para tomar sus decisiones. Al crear un cuidadoso equilibrio entre los dos, se puede crear el ambiente perfecto para evocar la respuesta correcta.

Para convertirte en un maestro manipulador, necesitarás todas estas cualidades, pero las usarás en diferentes grados dependiendo de tu objetivo. Todo el mundo las necesita para adaptar su mensaje a los mejores resultados.

7 Cualidades Que Definen al Blanco Perfecto

Fuerza mental

Con las cualidades anteriores, casi todo el mundo puede ser manipulado. Sin embargo, hay algunas personas que se destacan como el blanco perfecto para la persuasión. Estas personas mostrarán algunas vulnerabilidades expresas que serán fáciles de identificar.

La necesidad de complacer: Algunas personas ansían tanto la atención que estarán más que ansiosas por complacer a otros. Esto puede deberse a la necesidad de ser aceptado o a una baja autoestima, pero estas personas son bastante fáciles de distinguir entre la multitud. Oprime sólo unos cuantos de sus botones y, por lo general, caerán bastante rápido.

Pescadores de cumplidos: Junto con esa necesidad de complacer, muchos también estarán constantemente buscando cumplidos. En otras palabras, estarán constantemente creando escenarios en los que se ganarán elogios y la aprobación de quienes los rodean.

Miedo a sus propias emociones negativas: Lucharán muy duro para no mostrar ningún signo de negatividad en sus vidas. Pueden resistir la tendencia a expresar desaprobación de algo que buscan, su desilusión, frustración o enojo. Aplicarán técnicas de evasión para no mostrar que se sienten incómodos ante una situación dada. Pueden esforzarse en encontrar las palabras correctas para decir lo que tú quieres escuchar, para no perder su conexión contigo.

Falta de asertividad: La asertividad es la capacidad de sentirse seguro de sí mismo y de tener el tipo de control que le impide ser agresivo y dominar a los demás. Las personas que son asertivas no necesitan exigir u obligar a otros a hacer cosas. Tienen una conducta tranquila y controlada que atrae naturalmente a la gente. Sin embargo, aquellos que carecen de asertividad están muy inseguros de sí mismos, luchan con decir que no a nadie, incluso cuando se sienten incómodos con la situación, lo que los convierte en el blanco ideal para la manipulación.

No hay límites personales claros: Aquellos que están dispuestos a comprometer sus límites personales pueden ser objetivos fáciles de manipular. Carecen de un sentido de identidad establecido y, por lo tanto, se inclinan a sucumbir a los caprichos de los demás. Cuando alguien no tiene claro quién es o qué debe defender, tiende a defenderlo todo. No tiene una base firme en la que basar sus decisiones y, por lo tanto, es fácilmente influenciable.

Baja autosuficiencia: Carecen de independencia y, por lo tanto, siempre necesitan la ayuda de los demás. En esencia, siempre necesitan que otras personas les ayuden a superar las cosas más básicas de la vida. Les cuesta sobrevivir si alguien no está allí para satisfacer sus necesidades básicas.

Creer en su propio autocontrol: Algunas veces referido como lugar de control, no hace referencia al nivel de control de uno sobre ciertos eventos, sino más bien a la creencia de que uno tiene control. Esta es una gran diferencia. Cuando alguien cree que los factores externos tienen más control sobre una situación que ellos, le deja abierto a todo tipo de persuasiones.

Una persona que cree que tiene control, es más probable que crea que todo lo que hace ha sido causado, de alguna manera, por él. Cuando algo sale mal, él aceptará la culpa en lugar de culpar a otra persona. Sin embargo, si cree que la culpa radica en factores externos, es probable que no quiera asumir la responsabilidad, incluso si se señala que es él mismo el responsable.

Cualquiera de estas cualidades hará que una persona sea un blanco fácil de manipular. En la mayoría de los casos, no serán difíciles de encontrar, incluso pueden tener una forma de comportamiento nervioso que pondrá en evidencia su baja autoestima. Un manipulador eficaz debe primero tomarse el tiempo para observar los objetivos potenciales y buscar estas características específicas para identificarlos.

Los Blancos que Son Más Difíciles de Conquistar

No importa cuán cuidadoso seas al elegir tus blancos, inevitablemente llegará un momento en que vas a encontrar a alguien que se resista a tus intentos de manipularlos. Es cierto, todo el mundo caerá en las estrategias de manipulación en un momento u otro, incluso aquellos que puedas sentir que son relativamente sabios. Sin embargo, hay pocos que no sucumbirán a tus intentos sin importar lo que hagas. Tratar de influir en estos objetivos puede literalmente dejarte con un dolor de cabeza, mientras luchas por superar su resistencia.

Sin embargo, hay quienes han sido "quemados" antes por manipuladores del pasado. Así que, mientras puedas superar sus objeciones, sus defensas estarán en alto y estarán en guardia para cualquier otra forma posible de influencia.

Piensa en ello. Una estrategia de manipulación común es prometerles alivio de cualquier estrés o preocupación que estén tratando de superar. Sin embargo, aquellos que han sido quemados tienen una naturaleza altamente sospechosa y cuestionarán todo, incluso viendo motivos ocultos en sus esfuerzos. Tendrás que trabajar muy duro para superar esas objeciones.

Su pasado les hará acercarse a cada nueva relación con la anticipación de que algo anda mal. Tomará mucho trabajo hacerles creer en cualquier promesa que hagas, no importa cuán razonable suene. Incluso pueden insistir en pruebas sólidas, pruebas físicas o incluso más tiempo para que demuestres que vale la pena la confianza que estás pidiendo.

Otra persona a la que puedes tener problemas para llegar son los que son "solitarios". Es la naturaleza humana encontrar un lugar dentro de una red social. La creencia común, y a menudo tácita, de que hay seguridad en los números es lo que hace que una persona sea un blanco fácil. Las personas que son solitarias, contentas con su propia compañía, de alguna manera han superado esa necesidad y son menos propensas a sucumbir a las mismas tácticas a las que otros pueden caer.

Una persona que no es parte de una familia, equipo, religión o relacionada a cualquier otro grupo, no siente la necesidad o se resiste a la inclusión. Aunque esta es una inclinación natural con la que todos nacemos, ellos han aprendido a sobrevivir sin ella. Para llegar a esas personas, tendrás que reavivar esa necesidad en ellas para ponerlas de tu lado.

Un buen manipulador busca las debilidades y trabaja en ellas hasta que puedan desencadenar una reacción emocional. Su principal objetivo es involucrarlos tan emocionalmente que desarrollen una especie de visión de túnel, que les permita dejar a un lado su propia capacidad de razonamiento lógico y responder emocionalmente a tus necesidades. En esencia, estás creando un enfoque de mente cerrada en ellos, para que sólo vean lo que tú quieres que vean.

Aquellas personas que son resistentes, que son lo suficientemente fuertes como para pensar cuidadosamente en cada escenario, serán tus objetivos más difíciles. En realidad pueden ser manipuladores ellos mismos y por lo tanto reconocerán tus tácticas tan pronto como las aplique. Esto no significa que no pueden ser superados con estas estrategias, pero es probable que tengas que trabajar más y más duro para llevarlos a donde quieres que estén.

Es cierto, hay algunos blancos que parecerán impermeables a tus esfuerzos, pero no dejes que eso te desanime. Donde no puedes encontrar el éxito con una persona, hay muchas otras en las que podrás influir.

Capítulo Cuatro: Descifrar El Lenguaje Corporal

La comunicación es mucho más que palabras. Dentro de todos nosotros hay un código oculto que heredamos al nacer y que nos permite comunicarnos, incluso cuando las palabras no están disponibles. De hecho, esta forma oculta de lenguaje es mucho más confiable que las palabras que elegimos decir. A través de ella, hacemos saber a los demás cómo nos sentimos, lo que pensamos y nuestros deseos más íntimos.

El lenguaje corporal es más que un simple gesto, porque sus raíces están profundamente arraigadas en nuestro subconsciente. Un movimiento puede transmitir más significado que mil palabras encadenadas, sin importar cuán conmovedoras sean. Sin embargo, pocos de nosotros hemos aprendido a leer este idioma y a utilizarlo en nuestro beneficio. A menudo estamos tan enfocados en el mensaje verbal que la gente está entregando, que no nos damos cuenta de lo que está justo frente a nuestros ojos.

Esta forma de comunicación no verbal se realiza a nivel subconsciente, y los mensajes que otros te están enviando pueden ser muy valiosos para un manipulador. No sólo puedes leer e interpretar lo que otros están diciendo, sino que también puedes aprender tipo de mensajes estás enviando, a través de tus propias acciones. De cualquier manera, comprender el significado subyacente de estas señales corporales, puede darte una gran cantidad de información que te facilitará la creación de una estrategia persuasiva en la que puedas confiar.

Leer las Señales Sutiles del Cuerpo

Hay dos tipos de señales de lenguaje corporal que se pueden buscar: positivas y negativas. Las señales positivas del cuerpo indican si la persona se siente segura de lo que dice o cómoda en su entorno. Los verás en todo tipo de entornos, así que tanto si estás hablando con uno de ellos como si estás en un grupo, estos se observarán fácilmente.

- De pie, erguido, con la cabeza alta y los hombros hacia atrás
- Hacer buen contacto visual y ojos sonrientes
- Gesticular cómodamente con las manos y los brazos mientras se está conversando
- Habla claramente con un tono de voz moderado
- Asentir con la cabeza para indicar que está escuchando e interesado en la conversación

Las señales negativas del cuerpo son indicadores de que hay un cierto nivel de incomodidad, ya sea contigo o con el entorno. Está atento a estas señales:

- Evitar el contacto visual
- Mínimos gestos con las manos o los brazos. Mantienen los brazos cerca del cuerpo como si estuvieran a la defensiva.
- No asentir con la cabeza o sonreír mientras escucha o habla
- Brazos cruzados sobre el cuerpo - esto te indica que están cerrados o que no están dispuestos a aceptar lo que está sucediendo.
- Golpecitos nerviosos en las manos o los pies
- Puños cerrados
- Habla rápidamente o en un tono alto

Hay señales que pueden no transmitir consuelo o confianza, sino más bien cuán interesada puede estar una persona en tu mensaje. Reconocer esto puede ayudar a determinar si realmente estás alcanzando a una persona con tu mensaje, o si tus palabras están cayendo en oídos sordos.

- Si su cabeza está hacia abajo y no hay contacto visual, esto usualmente indica una falta de interés.
- Los signos de escuchar activamente o concentrarse en lo que se está diciendo implica involucrar todo el cuerpo en la conversación. Signos de escucha activa:
  1. Repetir o parafrasear sus palabras
  2. Inclinarse hacia adelante o hacia un lado mientras escucha
  3. Ligera inclinación de la cabeza o si está sentado, descansando la cabeza sobre una mano.
  4. Copiar tus expresiones faciales
  5. Cruzar los dedos – signo de autoridad y control

Cuando hay una falta de interés, verás otras señales.

- Pueden distraerse fácilmente
- Comprobación constante de la hora
- Hacer garabatos
- Jugar con su cabello
- Picar sus uñas
- No hacer preguntas
- Mirar a otra cosa
- Juguetear con objetos pequeños

Antes de que puedas convertirte en un maestro manipulador tienes que convertirte en un maestro del lenguaje corporal. Su hábil uso puede ayudarte a decidir en el acto si necesitas cambiar de táctica o no. No importa cuál sea tu meta, conocer el mensaje puede ayudarte a conseguir ese trabajo perfecto, negociar el mejor precio, ganar una discusión o si debe continuar con una relación.

Es importante notar aquí que estas son las sutiles claves que se encuentran en la cultura occidental moderna. Los signos del lenguaje corporal no son universales y, por lo tanto, pueden variar de una cultura a otra. Si no estás viviendo en la cultura occidental moderna como en Estados Unidos, el Reino Unido o Canadá, sería inteligente tomar el tiempo para aprender estas claves antes de intentar una comunicación regular. Un gesto en un área puede significar algo completamente diferente en el lugar en el que te encuentras.

Los Mensajes Secretos del Rostro

Nuestros rostros también son muy expresivos, enviando mensajes que las palabras nunca pueden transmitir con claridad. Todos conocemos las sonrisas y sus significados pero, ¿sabías que existen diferentes tipos de sonrisas, cada una con su propio mensaje único? Una sonrisa puede mostrar que eres feliz, tímido, cálido o falso. Hay una sonrisa llamada "Duchenne" que es considerada la más genuina de todas. Es esa en que las esquinas de la boca tiran hacia arriba mientras aprietas los músculos de los ojos haciendo patas de gallo en las esquinas. Las sonrisas falsas no tienen las patas de gallo en el rabillo de los ojos - cuando ves eso, sabes que la persona no es sincera en sus expresiones. Las sonrisas falsas tienden a mostrar más dientes que las sonrisas genuinas.

Por otro lado, fruncir el ceño, muestra desaprobación, infelicidad o duda. Una persona puede decirte que se siente bien por algo, pero la mirada en su rostro podría estar enviándote un mensaje completamente diferente. El lenguaje corporal puede decirte mucho acerca de lo que alguien está sintiendo, pero las expresiones faciales te dicen claramente cómo se siente una persona.

A diferencia de los gestos y movimientos del lenguaje corporal que no traspasan las fronteras culturales, las expresiones faciales son universales. No importa qué trasfondo o historia tenga una persona, estas expresiones se pueden ver claramente en todas partes del mundo. La investigación ha indicado incluso que la mayoría de nosotros, sin darnos cuenta, hacemos juicios basados casi por completo en las expresiones faciales de una persona. Concluimos que si la cara de alguien refleja alegría y felicidad, es más inteligente que alguien que está constantemente mostrando ira. Esto nos ayuda a entender lo valioso que puede ser aprender y entender las verdaderas expresiones faciales. Habla de los sentimientos centrales de tu blanco para que sepas exactamente con lo que estás lidiando.

Ojos: Hay una razón por la que la gente ha descrito los ojos como la ventana al alma. Hay tanta expresión en ellos que a veces la gente no tiene que decir una palabra, pero sus pensamientos y sentimientos se manifiestan muy claramente. Cuando estás involucrado en una conversación, tómate el tiempo para observar sus ojos. La forma en que se mueven te dará una idea de lo que está pasando en su cerebro.

- Mirando: Cuando están haciendo contacto visual directo contigo, están mostrando interés en lo que estás diciendo. Sin embargo, el tiempo que miran también puede reflejar el significado. ¿Has notado lo incómodo que se siente si alguien te da contacto visual prolongado? Esto se debe a que naturalmente percibimos este tipo de mirada como una amenaza, de manera muy similar a como un depredador se sentiría incómodo si un perro lo estuviera observando intensamente.

    Romper el contacto visual también le muestra que su oyente está aburrido, distraído o está tratando de ocultar sus verdaderos sentimientos acerca de la discusión.

- Parpadeando: Todos parpadeamos con frecuencia a lo largo de nuestras horas de vigilia, pero cuando notas que alguien parpadea demasiado, o no lo suficiente, te está enviando un mensaje inconsciente. Muy pocos parpadeos significa que están controlando deliberadamente los movimientos de sus ojos. Los apostadores a menudo hacen esto para resistir la tentación de parecer demasiado entusiasmados con un resultado potencial. Si notas un parpadeo rápido, generalmente es una indicación de que se sienten nerviosos o incómodos.

- El tamaño de la pupila es un signo sorprendente, del que la mayoría de las personas no tienen ni idea de que están usando. Las pupilas reaccionan a la iluminación ambiental, pero más allá de eso, también reflejan emociones en sus pequeños cambios de tamaño. Si están muy dilatados, podría ser una señal de que están muy interesados o excitados.

- Si se están moviendo hacia arriba y a la derecha cuando contestan una pregunta, podría significar que están mintiendo. Arriba y a la izquierda normalmente significa que están siendo honestos contigo.

- El asco se puede ver cuando los ojos se entrecierran. Es una respuesta negativa y cuando va acompañada de labios apretados puede significar enojo u hostilidad. Por lo general, cuanto más estrechos se vuelven los ojos, más intensa es la emoción negativa.

- El bloqueo de los ojos o el cubrirse los ojos, después de que has hecho una solicitud, generalmente indica que se sienten incómodos con algo que acabas de decir o que no están de acuerdo con tu punto de vista.

- Las cejas arqueadas a menudo muestran felicidad, especialmente si van acompañadas de una sonrisa o si las pupilas se agrandan. Notarás que las madres hacen esto con frecuencia cuando ven a sus hijos.

- El miedo también se manifiesta con las cejas arqueadas, pero se acompaña de ojos bien abiertos y la ausencia de una sonrisa. También hay una mirada rápida y fugaz y las pupilas se dilatan como resultado de un rápido estallido de adrenalina que inunda el sistema.

- Probablemente lo más importante que quieres ver en los ojos es su enfoque. Cuando estén muy interesados en su mensaje, sus pupilas comenzarán a estrecharse. Lo contrario también es cierto, si no están interesados, puedes esperar ver las pupilas dilatarse.

Estas señales no verbales pueden ser herramientas increíbles cuando se trata de leer las emociones de las personas. La próxima vez que estés en una conversación, comienza a tomar nota de estos pequeños destellos sutiles en su alma. Comenzarás a ver todo un nuevo mundo desplegarse ante ti y lo que aprendas puede ayudarte a entender exactamente lo que necesitas hacer para lograr sus metas.

La Boca: La boca también dice mucho, incluso cuando la persona no está hablando. Cada expresión tiene un significado y aprender a leerla es esencial para cualquiera que quiera persuadir a alguien.

- Cubrir la boca: Esto es usualmente un intento de ser educado. Las personas hacen esto cuando están tosiendo o estornudando, pero también lo hacen cuando están aburridas o bostezando, lo cual podría ser una señal de advertencia de que necesitas cambiar de táctica. Algo de lo que hay que estar atento es de taparse la boca como señal de desaprobación.

- Labios carnosos: Cuando aprietan los labios, es una señal de desconfianza o desaprobación de algún tipo.

- Morder los labios: Esta es una señal de que están preocupados o estresados por algo.

- Elevados en las esquinas: Indica que son felices u optimistas.

- Inclinado en las esquinas significa tristeza o desaprobación. Si el gesto es prominente, puede significar un gran disgusto.

Gestos: Los gestos, como los ojos, suelen ser algunos de los signos más obvios que reflejan los sentimientos internos de una persona. Leemos automáticamente los gestos sin pensarlo dos veces. Nadie cuestionaría el significado de una ola, o señalaría o incluso contaría sus figuras. Son bastante fáciles de entender, pero también hay gestos culturales que puedes encontrar. Si has viajado mucho, notarás que un gesto en un país no siempre se traduce en gestos en otro país. Estos son gestos comunes que se encuentran en los Estados Unidos.

- *Puños cerrados*: en algunos casos, podría ser un reflejo de enojo. Sin embargo, si se hace con el brazo levantado, suele significar solidaridad o unidad.
- *Pulgares arriba:* aprobación
- *Pulgares abajo*: desaprobación
- *Pellizcando el pulgar y el índice juntos*: Esto es una señal de aprobación o de que todo está bien.
- *El signo V*: Este signo, formado al sostener los dedos índice y corazón en forma de V, significa victoria. En algunas áreas también puede significar paz.

Las Extremidades: Los brazos y las piernas son excelentes comunicadores. Por ejemplo, cruzar las piernas y apartarlas de la otra persona te permite saber que la otra persona está tomando una posición defensiva y que desconfía de ti. Al prestar atención a lo que las extremidades te están diciendo, será fácil determinar si lo que están diciendo coincide con sus sentimientos.

- *Cruzar los brazos*: la persona se siente a la defensiva o está cerrada, no está dispuesta a abrirse a ti.
- *Manos en las caderas*: una señal de que tienen el control. Si la postura parece más desafiante también podría ser un signo de agresión.
- *Manos pegadas a la espalda*: este gesto puede ser una señal de que están aburridos o ansiosos. A veces puede ser una señal de enojo y frustración.
- *Mover o dar golpecitos con los dedos*: Cuando se hace rápidamente, es una señal clara de que están impacientes o frustrados.
- *Pies cruzados*: indicación de que están cerrados o que necesitan cierta separación o privacidad.

Postura: Nuestra postura es otra forma de comunicarnos inconscientemente con los demás. La forma en que sostenemos nuestro cuerpo puede reflejar muchas cosas, desde el estado de nuestra salud hasta nuestra sensación de confianza. Hay dos tipos de postura a tener en cuenta.

- *Abierto*: cuando el tronco del cuerpo está expuesto, le dice a los demás que son abiertos y amigables. Una postura abierta generalmente significa que están dispuestos y listos para cumplir.

- *Cerrado*: Cuando el tronco del cuerpo se cierra con posturas como encorvarse hacia adelante o cruzar los brazos o las piernas, puede ser una muestra de hostilidad o ansiedad. Normalmente no es un gesto amistoso.

Espacio personal: En Estados Unidos, la gente se toma muy en serio su espacio personal. Si te paras demasiado cerca, es probable que se sienta muy incómodo. Es mejor mantener una distancia respetable entre tú y la persona con la que estás interactuando. Un poco demasiado cerca y se pondrán a la defensiva y cautelosos, un poco demasiado lejos y es probable que tengan la sensación de que estás siendo cerrado y desinteresado.

- *Las conversaciones íntimas usualmente requieren una distancia entre 6 y 18 pulgadas.* Esta distancia es aceptable para aquellos en una relación cercana y permite más intimidad y discusión privada. La proximidad permite el contacto íntimo, los abrazos y los susurros.
- *Cuando no se trata de una discusión íntima, pero puede considerarse una relación personal, como con la familia y los amigos, se considera aceptable una distancia de 1,5 a 4 pies.* La cantidad de distancia que mantienes entre la otra persona refleja cuán cercana es la relación. Cuanto más cerca estés, más íntimo será el vínculo.
- *En entornos sociales o de grupo, es aceptable mantener una distancia física de 4 a 12 pies.* Esta es la distancia aceptable para los conocidos personales como compañeros de trabajo y socios comerciales. Cuando trates con personas con las que no estás familiarizado o con las que interactúas con poca frecuencia, puede ser mejor que te quedes en el otro extremo del rango.
- *La distancia pública de hasta 15 pies se mantiene cuando no se necesita tener contacto personal directo.* Por ejemplo, cuando estás dando una presentación o hablando a una audiencia, no querrías estar demasiado cerca de sus oyentes. La distancia te permite hacer un breve contacto visual con diferentes personas de la audiencia sin hacerles sentir que han sido seleccionadas.

Aunque no tendrás que salir con una cinta métrica para determinar la distancia adecuada para permitir el espacio personal, puedes seguir las indicaciones de los que te rodean. Esto es especialmente importante cuando se trata de culturas de otros países. Por ejemplo, el espacio personal en la mayoría de las culturas asiáticas no es tan importante como en Norteamérica. Lo mismo ocurre con los de América Latina. Cuanto más observe esta distancia, más eficaz será para llegar a su público objetivo.

Comprender el lenguaje corporal te hará naturalmente un mejor comunicador, pero también te ayudará a entender las señales que estás enviando al universo. Esto no es de ninguna manera una selección completa de posibles gestos, así que sería una buena idea hacer una investigación adicional sobre el tema. Dicho esto, con sólo aplicar los que se enumeran a continuación, estarás bien encaminado para comprender lo que hay que hacer para persuadir a los demás.

Entender Micro Expresiones

Antes, discutimos la importancia de los gestos faciales para entender la comunicación. Sin embargo, un área de las expresiones faciales, que ahora estamos empezando a comprender mejor, es la de las micro expresiones. Estos son gestos involuntarios que ocurren muy rápidamente cuando se siente por primera vez un sentimiento o una emoción. Estos son generalmente más confiables que cualquier otro gesto facial, ya que son reacciones impulsivas en las que la persona no tiene tiempo para pensar. Ocurren rápidamente y generalmente ocurren dentro de las primeras fracciones de segundo después de que la emoción surge, generalmente comenzando en $1/2$ del primer segundo y durando $1/15$ y $1/25$ de segundo antes de desvanecerse. Debido a que aparecen y desaparecen tan rápidamente, son buenos indicadores de cualquier emoción que una persona está tratando de ocultar o suprimir.

Aprender a detectar estas micro expresiones es clave para llegar a ser persuasivo, pero antes de que puedas dominar esta habilidad, tienes que entender la dinámica del rostro humano y lo que deberías estar buscando. Según el Dr. Paul Ekman, estas expresiones son bastante universales. Todos, sin importar de dónde sean, comparten al menos siete expresiones comunes que tienen exactamente el mismo significado. Aunque hay muchas más micro expresiones que aprender, conocer al menos estas siete te dará una buena idea de la persona con la que estás tratando y de lo que puedes esperar.

Sorpresa: Esta expresión común se ve por el levantamiento de los párpados superiores, las cejas levantadas y curvadas. También debes ver la boca parcialmente abierta cuando la mandíbula cae, pero los labios y los músculos de la boca permanecerán relajados. La longitud de esta expresión indica si la persona está sorprendida o temerosa. Si dura más de un segundo, es más probable que sea una señal de miedo.

Miedo: Al igual que la sorpresa, el miedo puede verse cuando se levantan los párpados superiores. Las cejas se levantan y se juntan formando una línea plana. La boca se abre ligeramente y los músculos de los labios se tensan y se tiran hacia atrás con fuerza.

Asco: Este aspecto clásico es fácil de reconocer por las arrugas que se forman alrededor de la nariz. Las cejas se dibujan hacia abajo y los ojos se entrecierran. El párpado superior, los músculos de las mejillas y el labio inferior se tensan para hacer visibles los dientes.

Ira: Cuando una persona está enojada, tanto los párpados superiores como los inferiores se juntan firmemente. Las cejas se jalan hacia abajo en el centro y se juntan firmemente. Verás que aparecen líneas verticales entre las cejas y que los propios ojos se quedan mirando fijamente o comienzan a abultarse. Algunas personas tienen el hábito de empujar la mandíbula hacia adelante cuando están extremadamente enojadas.

Felicidad: Esta emoción se ve cuando ambos lados de la boca se levantan en las esquinas haciendo una sonrisa simétrica. Muchas personas tratan de fingir ser felices forzando una sonrisa, pero tú debes poder notar la diferencia mirando el rabillo del ojo. La felicidad genuina también se manifiesta en los ojos y en la boca. Busca los músculos de los ojos esquineros para encajar mostrando los signos reveladores de las patas de gallo. Espera ver más compromiso de los músculos de la cara cuando la felicidad es genuina que con una exhibición forzada de emociones.

Tristeza: Esta sensación se puede ver cuando los músculos de las esquinas de los labios tiran hacia abajo en los lados y el labio inferior sobresale en una mueca. También puedes ver que la esquina interior de las cejas se eleva ligeramente.

Desprecio: Esta emoción puede ser claramente identificada por el clásico levantamiento de un lado de la boca haciendo una mueca de desprecio, o una sonrisa de satisfacción.

Las micro expresiones son universales y comunes. Se diferencian de las expresiones regulares en que son muy difíciles de crear intencionalmente. Las personas pueden ocultar fácilmente sus sentimientos más íntimos con gestos faciales regulares, pero las micro expresiones se forman en una parte diferente del cerebro y son reacciones impulsivas. Son fugaces en el mejor de los casos y desaparecen tan rápido como llegan, así que para notarlas e identificarlas necesitarás prestar mucha atención a tu objetivo para que puedas captar ese instante, que te revelará todo lo que necesitas saber.

Lo Que la Forma de Caminar Dice de Ti

La mayoría de nosotros no pasamos mucho tiempo preocupándonos por cómo camina una persona, pero un estudio reciente publicado en Social Psychological and Personality Science, nos da una buena razón para considerarlo. El estudio realizado en el 2017, por un experto en salud y bienestar de Maple Holistics, revela que la velocidad al andar podría indicarnos al menos cinco rasgos de personalidad diferentes. Estos rasgos: simpatía, apertura, extraversión, conciencia y neuroticismo, pueden decirnos mucho sobre el tipo de personas con las que estamos tratando.

Hay mucho que aprender cuando se analiza su velocidad, zancadas, y cómo sostienen sus brazos cuando están caminando. Analizando estas características, puedes revelar algo sobre ellas que de otra manera no serías capaz de captar.

Caminantes rápidos: Las personas que caminan rápido tienden a ser más extrovertidas y, tal vez, más conscientes. De hecho, cuanto más rápido caminan, más extrovertidos tienden a ser.

Caminantes lentos: Aquellos que se mueven a un ritmo más lento reflejan una personalidad más cautelosa. Cuando dan zancadas más cortas a un ritmo más pausado, podrían reflejar un poco de ensimismamiento, ya que son signos clásicos de una personalidad egocéntrica. Sin embargo, esto no significa necesariamente que sea algo malo. Simplemente refleja a una persona que se preocupa por sus propios intereses. Aquellos que son más introvertidos también pueden caminar despacio, pero su lenguaje corporal revela una falta de confianza. Mantienen la cabeza baja y se tiran hacia sí mismos. Una persona cautelosa no es introvertida, sino más bien cuidadosa con sus decisiones. Camina con la cabeza en alto para poder ver y analizar todo lo que hay en su entorno.

Girar a la izquierda: Las personas que gradualmente giran a la izquierda mientras caminan, tienden a mostrar signos de ansiedad y estrés. Cuanto más se desvían del camino recto, más ansiedad sienten. Nadie entiende completamente este fenómeno, pero se cree que el lado derecho del cerebro está más involucrado en la resolución de problemas o en el manejo de sus preocupaciones o miedos que el lado izquierdo.

El Paseo Lento: Cuando alguien da un paseo más pausado, literalmente paseando por su camino con la cabeza en alto pero sin un destino claro a la vista, es una poderosa señal de confianza. Estas personas caen en un paso lento y fácil, que refleja el estado de calma de sus mentes.

Caminante Energético: Aquellos que se mueven con una alta energía en su paso son súper concienzudos y están más orientados al detalle. Caminan rápidamente, incluso cuando recorren distancias cortas. Por ejemplo, pueden moverse sólo unos pocos pasos hacia una silla o a través de la habitación. Su forma de andar es rápida, pero no es suave. Sus movimientos se irán sacudiendo a medida que cambien su atención de un pensamiento a otro.

Caminantes elegantes: Los caminantes elegantes reflejan una sensación de confianza interior y tranquila, pero la forma de leerlos dependerá de la dirección en que sus pies señalen. Cuando sus pies están apuntando hacia afuera mientras caminan es una señal de alta autoestima. Esta posición no es una forma natural de andar, sino que se enseña. Los dedos de los pies apuntando hacia adentro es una señal de inseguridad.

Hombros caídos: Si su postura los tiene en una posición ligeramente inclinada hacia adelante con los hombros encorvados, es un signo clásico de incomodidad. Es una posición que está diseñada para proteger los órganos vitales del cuerpo. Pueden haber sufrido algún tipo de trauma en su pasado, ya sea físico o psicológico, pero aún no se han recuperado.

Cuando se trata del lenguaje corporal, cuanto más aprendes, más te das cuenta de que cada movimiento, matiz y cada pequeño y minúsculo cambio, o gesto funciona como un espejo para reflejar lo que sucede en la mente y en el corazón de las personas con las que interactúas. Aunque aprender estas cosas no te hará un lector de mentes, puedes acercarte bastante a ello cuando las apliques a tu arte de persuasión.

Capítulo Cinco: Herramientas Esenciales para la Manipulación.

El arte de la manipulación tiene una meta específica. Quieres cambiar la mente de tu objetivo para poder afectar el tipo de comportamiento que quieres ver. Aprender cómo leer a otras personas y detectar su estado mental emocional es sólo la mitad de la batalla. Una vez que entiendes la mente de tu objetivo, es hora de seleccionar las herramientas apropiadas de manipulación para usar a tu favor.

Hay varios enfoques diferentes que son muy efectivos para persuadir a las personas. Quienes se incluyen en este capítulo trabajan sutilmente en la mente subconsciente para que el objetivo nunca se dé cuenta de lo que está sucediendo, pero producen los mejores resultados.

Trucos Diarios de Manipulación

El pie en la puerta: El principio fundamental detrás de este concepto es lograr que alguien haga lo que tú quieres que haga. En esencia estás sentando las bases para pedir un favor. Comienza pequeño pidiendo un favor más pequeño y menos importante primero. Al hacer esto, estás construyendo una pequeña pero simple conexión entre ustedes dos basada en una regla no escrita de compromiso a la que puedes recurrir más adelante.

Los chinos han estado practicando esta estrategia durante siglos. Se deduce de esto que al hacer favores pequeños pero insignificantes a alguien con el tiempo hace que se estén en deuda contigo. Es como poner dinero en el banco para que puedas hacer una solicitud más grande luego. Mientras que en China esta herramienta es mucho más profunda que en la sociedad occidental, es un arma poderosa para hacer a alguien endeudarse contigo.

Un buen ejemplo de cómo se puede usar esto se puede ver en todos los ámbitos de la vida. Por ejemplo, podrías encontrarte en un territorio desconocido y preguntarle a alguien por direcciones. Esta simple petición crea una conexión contigo. Después de una simple y breve conversación, puedes hacer una segunda petición explicando que no eres muy bueno con las direcciones así que preferirías que te mostraran en vez de decirte. La persona puede decidir dibujarte un mapa o incluso caminar personalmente a tu destino. Hay una buena oportunidad de que esto funcione si primero le pides el favor más pequeño. Sin embargo, si te hubieras acercado a un extraño y pedido que te acompañara a tu destino, es casi seguro que no hubieras tenido éxito.

Esta teoría fue probada por investigadores en 1966. Un grupo de 156 mujeres se dividió en cuatro grupos. Comenzaron preguntando a los tres primeros grupos que respondieran algunas preguntas básicas sobre los productos de cocina que utilizaban. Después de varios días, pidieron permiso para revisar su cocina para poder catalogar los productos que usaban. Al cuarto grupo sólo se les hizo la segunda pregunta. Los resultados mostraron la eficacia de este enfoque con un éxito del 52,8% para los tres primeros grupos y sólo del 22,2% para el cuarto grupo.

Puedes ver que esto es aplicado en todos lados en el marketing. La mayoría de los sitios web en línea comienzan preguntando algo que no parece costarte nada. Es posible que le pidan su dirección de correo electrónico y luego más tarde te pidan algo más grande. Alguien puede pedirte que "te guste" una página y luego pedirte un comentario, lo que podría conducir a una oferta.

Puerta en la cara: El principio fundamental detrás de esta técnica es pedir algo extremadamente grande e irrazonable y luego de ser rechazado, pedir algo más pequeño. Funciona en escala opuesta que la técnica del pie en la Puerta. En este caso, estas pidiendo algo tan grande que sabes que vas a ser rechazado y luego hace una petición de algo que es mucho más fácil de cumplir.

Un caso para ejemplificar sería si le pides a un amigo un préstamo grande y luego de ser rechazado, pedir uno significativamente más pequeño. Esto funciona principalmente porque con sólo hacer la petición inicial, ya moviste tu relación a otro nivel causando que ellos sientan algún tipo de obligación hacia ti. Luego se vuelve mucho más fácil para ellos cumplir con tu segunda petición sin dudarlo.

Este hecho fue verificado en un estudio de caso realizado en el mercado minorista. Los investigadores utilizaron a una vendedora que vendía queso a las personas de los Alpes Austriacos. Primero ofreció a los excursionistas que pasaban dos libras de queso por ocho euros, y cuando rechazaron la venta, bajó la categoría de su pedido al ofrecer una libra por cuatro euros. Los resultados fueron impresionantes, con sólo un 9% de tasa de éxito en la primera solicitud y un 24% de tasa de éxito después de la segunda.

Anclaje: El pensamiento principal detrás del anclaje es crear una predisposición cognitiva creando familiaridad con un producto igual o similar para que tu objetivo pueda tomar una decisión basada en este conocimiento. Hay varias maneras de aplicar esta técnica, desde el marketing hasta encontrar el trabajo de en sueños que querías.

Funciona de manera similar a la técnica del Pie en la Puerta. Las tiendas constantemente aumentan el precio de ciertos productos en un 15% antes de una oferta del 10%. La gente ve el precio en descuento sobre el precio real publicado, sin darse cuenta de que están pagando aún más por el producto de lo que lo harían antes de la oferta.

La evidencia de que esto funciona se vio en un estudio donde a 100 sujetos se les dieron tres opciones diferentes para suscripciones. La primera opción era un costo en línea de 59$, la segunda opción era una suscripción impresa de 125$, y una tercera opción era una combinación de impresión y web de 125$. Los resultados mostraron que de los 100 sujetos sólo 16 eligieron la primera opción y 84 la tercera opción. Luego la segunda opción fue eliminada y se dio el mismo ejercicio a otros 100 sujetos, donde sólo 32 eligieron la tercera opción, escogiendo 68 restantes la primera opción.

Los resultados mostraron que cuando la opción B era un factor, se utilizaba meramente como ancla. Nadie lo consideraría seriamente, pero mostraba claramente el valor de las otras dos opciones. Este proceso es un medio eficaz para transferir experiencias de aprendizaje. Es su núcleo, da a personas un estímulo o una experiencia personal donde pueden basar sus decisiones.

Compromiso Y Consistencia: El principio básico aquí es aprovechar el sentido de consistencia interna de su objetivo. Como criaturas de hábito, si eres capaz de conseguir que se comprometan con algo pequeño e insignificante, entonces puedes usar eso para motivarlos a hacer algo más en el futuro.

Todos nosotros hacemos esto hasta cierto punto en la vida real. Cuando vamos de compras, compramos los mismos productos con los que estamos familiarizados, tomamos la misma ruta al trabajo todos los días, y normalmente comemos las mismas cosas con pocas variaciones en cada comida. Debido a esta necesidad interna de consistencia, rara vez probamos cosas nuevas. Al lograr que alguien haga algo por ti una vez, inicias un precedente que ellos seguirán para mantener la consistencia.

Muchos sitios web en línea utilizan este principio en sus esfuerzos de marketing. Comienzan preguntando a los clientes potenciales que se suscriban a recibir correos electrónicos regulares de su empresa. Los has visto en la pantalla cuando visitas sus páginas con palabras como "Sí, me gusta el dinero gratis" o "Sí, quiero saber más". A veces incluso te dan opciones que te hacen sentir que tienes que elegir una por encima de la otra. Por ejemplo, te pueden dar dos opciones: "Sí, quiero saber más sobre cómo hacer con esta opción" y "No, no quiero tener éxito". La segunda opción está tan alejada de la verdad que te sientes obligado a elegir la primera. Pero una vez que tomaste la decisión, no importa cuán insignificante sea, te sentirás obligado a mantenerte con ella.

Para obtener los mejores resultados, el primer compromiso debe ser fácil de hacer. No costará mucho o nada en lo absoluto. Una organización benéfica puede enviar una petición para que las personas aumenten su compromiso a sus esfuerzos. El costo inicial es mínimo en el mejor de los casos. Luego, pueden pedir donaciones más grandes y la mayoría lo hará sólo para mantener su nivel de compromiso involucrado.

Prueba Social: Todos hemos oído hablar de la presión social, ¿verdad? La prueba social es un ejemplo perfecto de la presión de social en el trabajo. El principio que prevalece aquí es que no quieres ser el tipo raro. Este concepto se basa en el pensamiento de que antes de que alguien tome una decisión, se detendrá y pensará en qué decisión tomarán sus compañeros y por lo general, actuar de acuerdo a esto.

Si estás trabajando en un restaurante y hay un frasco de propinas vacío, podrías empezar a recibir propinas añadiendo tus propias monedas. Es mucho más probable que los clientes añadan a un frasco que ya tiene dinero en él, a que sean los primeros en poner la bola en movimiento. Es más probable que dejes un comentario en un artículo o video al ver que otros también lo están haciendo.

Un estudio de caso de 1935 confirma esto. Los investigadores tomaron a varios sujetos y los colocaron en un cuarto oscuro, con la única fuente de luz a 15 pies de distancia. Se les pidió que observaran la luz y dieran una estimación de cuánto se había movido. Cada participante dio diferentes respuestas sobre el movimiento.

El segundo día del estudio, los pusieron en grupos e hicieron la misma pregunta. Esta vez todos llegaron a un acuerdo singular que estaba muy lejos de las estimaciones que dieron apenas el día anterior.

Autoridad: Aprendemos desde una edad temprana a escuchar a aquellos que tienen autoridad. Independientemente del área de especialización, el establecerse a sí mismo como una autoridad en un tema tendrá una poderosa influencia en otros.

Los expertos en marketing usan esto muy efectivamente con frases como "9 de cada 10" doctores aprueban este medicamento. O pueden decir algo como "nuestro producto ganó 8 de 10 premios por ser el mejor". Los sitios web y los blogs a menudo cuentan con una lista de autoridades reconocidas en su área de especialización, o publican testimonios de clientes anteriores para poner en evidencia que son los profesionales que dicen ser.

Un psicólogo de la Universidad de Yale probó esto muy eficazmente en una serie de estudios llamados el Experimento del Miligramo. Los estudios consistieron en tres personas diferentes: el experimentador, el profesor y el estudiante.

El papel del profesor era hacer preguntas al estudiante. Si el estudiante daba una respuesta incorrecta, el profesor les daba una descarga eléctrica. El experimentador entonces presionaba al maestro para que continuara usando la descarga eléctrica incluso si había evidencia de que el estudiante tenía dolor.

En la mayoría de los casos, el maestro continuaba administrando dolor aunque fuera en contra de su conciencia. De hecho, 8 de cada 10 maestros continuarían dando las descargas eléctricas sin importar las circunstancias. Esto demuestra que la mayoría de la gente está dispuesta a cruzar incluso un límite moral si sus instrucciones son dadas por alguien con autoridad.

Escasez: El miedo a perderse es poderoso, y es el principio sobre el que la escasez es construida. La gente lo usa para crear un sentido de urgencia y obligar a sus objetivos a tomar una decisión lo antes posible. En realidad, la tendencia a querer algo cuando escasean es muy fuerte, así que al convencer a alguien de que algo pronto se va a acabar dentro de cierto período de tiempo es más probable que lo impulse a comprarlo.

La escasez es probablemente una de las técnicas de persuasión más utilizadas en el mundo hoy en día. Vemos que se utiliza en el marketing, en las relaciones, y en el mundo social. Si alguna vez has intentado de reservar vacaciones en línea, probablemente serás recibido con sólo quedan unos pocos asientos en este vuelo, o esta oferta expira a medianoche, o sólo puedes comprar éstos en esta época del año. Toda la premisa es en lo que se basa el Viernes Negro de América.

En un estudio, 180 estudiantes fueron separados en dos grupos. Al primer grupo se le dio un producto y se le informó de su escasez, mientras que al segundo grupo se le dijo que había una oferta abundante. El resultado mostró que la mayoría de los sujetos estaban ansiosos por comprar, simplemente porque tenían miedo de que ya no estuviera disponible.

Un ejemplo clásico de esto es un caso discutido por el psiquiatra, de un vendedor de automóviles que mostró certeza de que varias personas se presentaran por un automóvil al mismo tiempo. Esto creó un aire de competencia y ansiedad entre ellos haciendo que el coche luciera en realidad más valioso de lo que era.

Cuando se usa con éxito, hay un único sentimiento de poder para el ganador. La teoría es que este principio protege un sentido de libertad de elección. Siempre que la libertad de elección es limitada, tenemos un deseo innato de protegerla. Al aumentar la escasez, reconocemos instintivamente que nuestro acceso a ese artículo está restringido a menos que hagamos algo rápido.

Reciprocidad: La reciprocidad es el acto de obligar a otro a hacer algo por tú haberlo hecho por ellos. Independientemente de lo que sea el regalo, sólo el acto de darlo genera una poderosa necesidad de devolver el favor. Automáticamente nos sentimos en deuda con el que da, y el manipulador puede definitivamente utilizarlo como ventaja.

Esto puede ser utilizado en una amplia variedad de formas. Por ejemplo, podrías ofrecer un regalo gratis a los primeros contribuyentes a su causa, o podrías recibir una descarga gratuita de un libro antes de que se le pida que hacer una compra más grande.

Las evidencias confirman esto en un estudio conducido en un restaurante de la ciudad de Nueva York donde el mesero daba un pequeño regalo antes de pagar la cuenta. En la mayoría de los casos, se produjo un aumento del 18% en las propinas. En una situación similar, cuando el camarero dejaba una menta y luego se alejaba, se daba la vuelta y les daba un pedazo adicional, el incremento en las propinas aumentaba un 21%.

Estas no son las únicas técnicas de persuasión que existen pero son las más comúnmente utilizadas. Utilízalas para sentar las bases de tu próxima estrategia de persuasión y ver qué tanto aumenta tu poder de influencia.

11 Trucos de Persuasión para Empezar a Conseguir lo que Quieres en tu Día a Día

Vivimos en un mundo de perros que comen perros. No importa quién eres o dónde estás, caerás en una de las dos clases: el manipulador o el manipulado. Los llamamos juegos mentales y se están jugando a nuestro alrededor. Necesitas conocerlos para asegurarte de que no estás atrapado en el último grupo. No es que ser manipulado sea siempre algo malo, pero al menos si estás siendo manipulado conoces y reconoces las señales y puedes usarlas en tu beneficio.

Una vez que aprendas estos trucos de persuasión, serás capaz de utilizarlos para obtener todo lo que quieras de la vida.

1. **Difícilmente Malvado:** Al ayudar a otra persona a lograr sus propias metas, haces que se endeude contigo. El concepto general en el que todos creemos, es que puedes obtener lo que quieres de la vida siempre y cuando ayudes a otros a alcanzar sus propias metas.
2. **Un poco Manipulador:** Pedir favores en un ambiente más público puede hacer que las personas se sientan más inclinadas a hacer algo por ti. En lugar de pedirlo en un ambiente más

privado, al hacer una petición pública es menos probable que sea rechazada.
3. **Carnada y Cambio:** Usar una oferta señuelo para enganchar a la gente y luego ofrecerles algo de mayor valor, y luego hacer una oferta final que parece ser del mismo valor pero menos efectiva para poder obtener lo que tú quieres.
4. **Concentrarse en la Victoria:** Haz que tu objetivo se dé cuenta de lo que está ganando en el acuerdo, en lugar de lo que está perdiendo.
5. **Reflejar:** Refleja el lenguaje corporal de la otra persona para que se sienta cómoda contigo. Es más probable que se conecten y terminen haciendo lo que tú quieres.
6. **Observación:** hazles sentir como si estuvieran siendo observados. Esto puede hacerse mostrándoles una imagen de ojos. Subconscientemente, cuando vemos ojos en una imagen o en un video, nos sentimos como si estuviéramos siendo juzgados, lo que hará que se altere su comportamiento a algo que sientan que será más aceptado.
7. **Aprovechar las Inseguridades:** Las palabras que elijas pueden aprovechar lo que sienten sobre sí mismos. Las personas tienden a pensar más en sus identificaciones personales cuando escuchan sustantivos, pero piensan más en su comportamiento cuando escuchan verbos. Si quieres aprovechar sus inseguridades, escoge más sustantivos en sus conversaciones que verbos y debilitarás sus defensas.
8. **Decepción:** Habla rápido si quieres que estén de acuerdo contigo. Usa muchas palabras para abrumarlos y así bajarán la guardia. Muchas veces estarán de acuerdo contigo porque no pueden seguir el ritmo.
9. **Incitar:** Acérquese a ellos al final del día cuando estén cansados y listos para rendirse. Cuando las personas están exhaustas, es más probable que cumplan con tu petición porque su energía para resistir está agotada.

10. **Miedo:** Aprovechar sus miedos es una manera efectiva de hacer que las personas cumplan tu petición. Expón sus miedos y luego ofrece una solución inmediata.
11. **Confusión:** Confúndelos deliberadamente. El orgullo de la mayoría de las personas no les permite admitir que no entienden del todo. La respuesta más fácil para ellos es estar de acuerdo. Ofrecer precios en términos poco familiares hará que se rindan porque les cuesta procesarlo mentalmente.

Como Usar las Seis Leyes de Persuasión

Las leyes de la persuasión están constantemente en uso a nuestro alrededor. Está en el centro de cada negociación de empresas, cada discusión en las relaciones, cada debate entre padres-maestros o padres-hijos, y en el centro de cada interacción con las redes sociales. Es un hecho de la vida que es esencial para cada uno de nosotros, estemos o no hablando de negocios. Cada uno de estos aspectos emplea habilidades de negociación en algún nivel.

Para tener éxito al utilizar estas leyes, primero tienes que entenderte a ti mismo (tu inteligencia emocional) y los objetivos que quieres alcanzar, pero también tienes que entender lo que está en el corazón de tu objetivo. Esto creará una plataforma donde podrás lanzar tu influencia sobre otros y afectar el tipo de cambio que quieres ver en tu mundo.

Pero la manipulación exitosa no debe ser sólo acerca de lo que tú quieres. Mientras que serás capaz de obtener un mínimo de éxito pensando sólo en ti mismo, los mejores resultados vendrán cuando crees una situación que sea mutuamente beneficiosa, tanto para ti como para tu objetivo. Qué tan bien logres hacer esto determinará el alcance de tu éxito y la eficiencia con que puedas asegurar que todas las partes salgan ganando en tus negociaciones. Para hacer esto, necesitas desarrollar tu experiencia en el uso de las seis principales leyes de la persuasión.

No nos damos cuenta, pero una persona promedio toma alrededor de 35.000 decisiones cada día. Por supuesto, la mayoría de estas decisiones se toman a nivel subconsciente y por eso no requieren ningún pensamiento consciente. Nos proporcionan formas de simplificar nuestras vidas, nos dan atajos y están diseñadas para ahorrarnos tiempo y/o dinero. Sin embargo, son esas decisiones conscientes que todos debemos tomar, las que nos permiten influenciar a otros y nos podrán dar lo que queremos. Aquí es donde las seis leyes de la persuasión pueden tener influencia. Hablamos brevemente de ellas en la última sección, pero vamos a examinarlas un poco más de cerca aquí.

Ley de Reciprocidad: La ley de la reciprocidad obliga a otros a devolver favor por favor. Al darle a alguien algo se sentirá obligado a pagarte de vuelta. Para aumentar este sentido de gratificación, si te aseguras de dar algo, ellos quieren que su conexión contigo sea aún más fuerte.

Aplicar esto en tu vida podría ser bastante simple. Ten en cuenta que lograr que alguien acepte algo sin pedir algo a cambio, implica un precedente bastante malo que hará que la otra persona se sienta con derecho y que tú te sientas en una pérdida. Al darles algo les estas dando la sensación de tener algún poder de negociación. Por lo tanto, el uso de una compensación funciona mejor, y puede ayudar a establecer una relación más duradera. Cuanto antes se cree este entendimiento, más fácil será persuadir a esa persona una y otra vez. Es una manera extremadamente efectiva de traer a su objetivo a su redil y cerrar el sin importar cual sea.

Ley de Compromiso y Consistencia: Usar la consistencia como un medio de aliviar la incomodidad de tu objetivo es importante. Una vez que hayas establecido una relación con esa persona, es importante que te apegues a ella y no te desvíes. Mostrar a la otra persona que estás comprometido con una decisión (sin importar qué tan significativa sea) le da la seguridad de que no la va a abandonar a la primera señal de cambio. Los vendedores son muy buenos en esto. Al hacer que sus clientes se pongan de acuerdo en varias cosas más pequeñas una tras otra, colocan un precedente de compromiso. Por lo que, cuando piden una gran oferta, es casi imposible que digan que no.

Ley de Gustar: Ya sea que quieras atraer a otra persona y despertar una nueva relación, o si buscas el trabajo de tus sueños, probablemente usarás la Ley de Gustar. Esta ley básica de la naturaleza humana dicta que nos sentimos atraídos por aquellas personas que se parecen más a nosotros mismos. Cuantas más similitudes encuentres con otra persona, más profundo será tu deseo de querer complacerla. Al aplicar la Ley de Gustar, trabajas para establecer una buena relación y dejar claro que eres como dos guisantes en una vaina. Cuantas más similitudes puedas mostrarles más profundo será el vínculo. Esto funciona bien con fiestas de ventas en casa, grupos religiosos y grupos sociales. Recuerde el viejo dicho que dice, 'los pájaros de una pluma se juntan'. Una vez que haya hecho este tipo de conexión con ellos, es menos probable que quieran decepcionarlo diciendo que no.

Ley de la Escasez: No necesariamente tienes que tener un suministro limitado de algo para hacer que la ley fundamental de la escasez funcione para ti. Puedes aplicar la misma presión sin ella. Podrías hacerle saber a la otra parte que estarás disponible para contestar preguntas por un tiempo limitado solamente. Esto funciona bien para ofertas de temporada o cosas que sólo están disponibles durante una cierta época del año. Sólo tienes que crear la idea de que algo es escaso para obtener el resultado, de modo que crean que si dudan, pueden perder el privilegio completamente.

Ley de la Autoridad: Al aplicar esta ley, es importante que la otra persona sepa que tú eres el "experto" en este campo, o que tú eres aceptado y recomendado por expertos reconocidos. Esto se puede hacer de diferentes formas. Los comerciantes a menudo usan los "testimonios" de clientes anteriores, los bloggers usan la credibilidad de otros bloggers más conocidos, y ciertamente no hay nada malo en anunciar o publicar su propia credencial que lo establezca como una persona conocedora en su área de interés.

Ley de Prueba Social: La dinámica es que cualquier grupo social es bastante poderoso. Puede ser un tanto inquietante ir en contra de la multitud para que la gente esté más inclinada a conformarse cuando sea necesario. Una vez que las personas entienden cuál es el comportamiento aceptado en cualquier grupo social, rara vez se inclinan a ir en contra. Piensa en cómo te sientes cuando estás en un entorno social que no te es familiar. Tu primer instinto es mirar alrededor para ver lo que otras personas están haciendo, y luego coparse. Establecer un conjunto de pautas para tu grupo social casi siempre terminará en una conformidad que será difícil de romper para cualquiera.

Fuerza mental
Todo lo que Tienes que Saber Sobre la Psicología Inversa

Probablemente has escuchado sobre usar la psicología inversa para hacer que otras personas hagan ciertas cosas. El principio es muy sencillo. Les dices algo opuesto a lo que quieres, y si se resisten a tus esfuerzos, usualmente van a hacer lo que tú desees. La táctica puede ser bastante exitosa en distintas formas de persuasión. Sin embargo, aunque es muy simple, puede resultar contraproducente para ti en una forma muy grande.

Parte del motivo de esto es su simplicidad. De hecho, es tan simple que muchos empezarían a confiar demasiado en esta estrategia. Una vez que las personas comienzan a entender lo que estás haciendo, puede dejar un sabor bastante triste en su boca. Como resultado, puede que descubras que en lugar de conectar a más gente contigo, puede terminar alejándolos dejando una cadena de relaciones rotas a su paso. Si decides utilizar la psicología inversa, asegúrate de hacerlo sólo en raras ocasiones y no como un hábito regular, incluso sólo en las situaciones más serias.

Habiendo dicho esto, aquí hay algunas formas sencillas de usar esta estrategia para conseguir lo que quieres.

Cambiar la mente de alguien: Para hacerlo tienes que pensar más allá de la idea de cambiar la mente de la persona. Antes de empezar, tienes que implantar tus ideas en su cabeza. Incluso si es algo a lo que sabes que se resisten, tienen que reconocer al menos la idea como una opción.

- **La puesta en marcha:** empieza por presentar dos opciones de las que deben elegir. Por ejemplo, tenemos dos opciones para la cena del sábado por la noche. Si sabes que tu objetivo tiene afinidad con la comida japonesa pero te interesa más la italiana, ya sabes cuál será su preferencia.

Presenta tu idea de forma realista. Puedes decir algo como, "¿Sabías que hay un nuevo restaurante italiano en la Calle Cinco que abre esta semana?"

Cuando presentes tu opción, reduce su importancia para crear un efecto negativo. "He oído que es bastante bueno, pero probablemente estará lleno para cuando lleguemos. Puede que tengamos que esperar una hora o más para conseguir una mesa".

- **Incentivo Sutil:** Encuentra maneras sutiles de construir un deseo en ellos. Puede ser que tengas un menú del nuevo restaurante para mirar. Señalar algunas fotos y platos que te gustaría probar. Podrías incluso comenzar con una noche italiana para ver si puedes imitar la verdadera comida italiana. Esto les ayudará a ver lo sabrosa que puede ser la comida italiana.

Podrías también hacer que todo lo demás suene más atractivo. Habla de las experiencias pasadas en los restaurantes italianos, de los recuerdos agradables de la cultura italiana y de cómo debería saber la "verdadera" comida italiana.

- **Agregue Señales No Verbales:** Unos días antes, empiece añadiendo algunas imágenes visuales sobre la cultura italiana. Podría pasar por el restaurante de camino a casa para plantar la idea de ir allí. "No parece tan concurrido como pensé que sería". Llévelos a dar un paseo por la zona donde huela un poco a esos aromas mientras flotan en el aire.

- **Toma el Punto de Vista Opuesto a la Elección que Deseas:** Una vez que te des cuenta de que has captado su interés, no te rindas demasiado rápido, más bien sé un poco argumentativo. Esto los obligará a que presionen más por lo que quieren. Esto funciona mucho mejor que la capitulación inmediata. Cuando una persona tiene la tendencia natural de resistirse, le da un sentido pelear por las opciones, creando una victoria para ellos.

Cuando el evento llega, lo más probable es que ya hayan tomado su decisión. Introduce el tema de nuevo diciendo algo como, "¿Qué quieres hacer? Podemos ir al restaurante italiano o podemos ir al japonés". Si todavía se resisten al italiano, puedes añadir algo como, "Comemos japonés todo el tiempo para que no sea nada diferente, ¿pero cuántas veces comemos realmente italiano?".

Termina con "¿qué opinas?" "No puedo decidir así que depende de ti".

- **Cerrando:** Finalmente, quieres resistir por el tiempo suficiente para que la otra persona se vea obligada a decidir. Mientras que tu objetivo es conseguir lo que quieres, la otra persona debe pensar cuál es su decisión. Después de que digas tus últimas preguntas, espera a que te respondan. Puedes crear un poco de incomodidad pero resiste la urgencia de llenar el silencio. Tu objetivo también siente la presión, así que espera hasta que tome la decisión. Si es una persona naturalmente difícil, entonces en la mayoría de los casos, tomará la decisión que tú quieres que tome.

Cuándo usar la Psicología Inversa: La psicología inversa no funciona con todos. Algunas personas son más propensas a responder a una petición directa mientras que otras serán más contrarias. Por eso es tan importante que entiendas la personalidad de las personas a las que te diriges. Su comportamiento dictará cuál estrategia persuasiva deberías utilizar. Esta estrategia funciona mejor con personas que son naturalmente obstinadas y tercas. Aquí hay algunas preguntas que podrías querer hacer antes de decidir.

- ¿Suelen seguir la corriente?
- ¿Son pensadores independientes?

Si son naturalmente fluidos y complacientes, el uso de la psicología inversa probablemente resulte contraproducente para ti. Pero si son pensadores más independientes y no suelen estar conformes con la situación, es más probable que sean los mejores sujetos para la psicología inversa.

Hazlo Ligero: Esto funciona bien cuando se utiliza la psicología inversa en los niños. Mantén el tema ligero y divertido para que crean que en realidad son más inteligentes que tú. Los niños aman eso.

Por ejemplo, si estás tratando que tu hijo limpie su cuarto sin tener que pedirle que lo haga, empieza estableciendo algunas reglas. "No empieces a limpiar tu habitación hasta que yo haya terminado de limpiar la mía". Esta frase puede empezar a sonar como si fuera todo lo que necesita como excusa para "no" limpiar su habitación. Él estará feliz. Pero luego agregará algo como: "Sé que eres demasiado joven para hacerlo bien, así que entraré y te ayudaré".

Entonces deja la habitación y ocúpate de tus asuntos. En aproximadamente una hora, vuelve a la habitación "para ayuda", y lo más probable es que encuentres que ya ha terminado o está en camino para demostrar que no es demasiado joven y que puede hacerlo por sí solo.

Usar esta misma táctica con un adulto puede ser similar. Su meta es permitir que se sienta fuerte como si estuviera afirmando su propia independencia en la situación. Podrías estar tratando de elegir entre dos shows de televisión diferentes; uno podría ser una película seria de drama y la otra podría ser una comedia ligera. Tu preferencia la de drama, así que podrías decir algo como, "No estoy seguro de si tengo la resistencia emocional para un drama realmente serio esta noche". Si tu pareja es una persona naturalmente resistente, puede que quiera convencerte de que tienes la fortaleza emocional para ello. Puede que incluso llegue tan lejos como pueda para demostrarlo. Al permitirle aplicar un poco de resistencia por un tiempo lo más probable es que termines obteniendo exactamente lo que quieres.

Piensa en lo que la Otra Persona Necesita: Siempre que elijas usar la psicología inversa, debes considerar lo que la otra persona necesita o quiere en esa situación. En algunos casos, es posible que tengas que hacer un poco de balanceo y de titubeo antes de lograr que se rinda en sus objetivos. Tu estrategia no es sólo aplicar el punto de vista opuesto, sino evaluar si tu deseo de lo que quiere es lo suficientemente fuerte como para superar su necesidad de resistir. Si no has pensado en este proceso a través de tus esfuerzos, podría fácilmente resultar contraproducente para ti.

Tu amigo puede estar interesado en visitar o conducir por una parte con mala pinta de la ciudad que sabes que es peligrosa. Si su deseo es extremadamente fuerte, tus esfuerzos en la psicología inversa quizás no funcionen. Sin embargo, al analizar la situación primero, podrías encontrar otras maneras de evadir el desafío.

A medida que consideres las posibilidades, comienza por pensar en todos los posibles argumentos con los que podrías encontrarte en la situación. Luego piensa en el resultado final que quieres lograr. Tu objetivo es ayudarle a ver los riesgos que implica su decisión, no necesariamente para demostrar que tienes la razón o eres más inteligente. A veces la psicología inversa funcionará y a veces no. Cosas posibles podrías decir.

"No puedo decirte lo que debes hacer, y no puedo obligarte a hacer nada que no quieras hacer. Estoy bastante seguro de que la zona es peligrosa pero sólo tú puedes decidir cuánto riesgo estás dispuesto a correr para llegar a donde quieres ir".

Tu objetivo ha sido logrado. Deja la decisión en sus manos. Si has aplicado la cantidad correcta de presión, entonces hay una buena posibilidad de que decida no ir.

Ten en cuenta que no ganará todos los argumentos de esta manera. La psicología inversa funciona bien sólo en aquellas personalidades que naturalmente se resisten a ir con la corriente. Las estrategias no siempre resultan de la forma en que esperas. Ocasionalmente la situación puede escalar hasta convertirse en una discusión, y en el calor del momento podrías perder de vista tus objetivos. Trata de evitar esto y sigue recordándote a ti mismo lo que estás tratando de lograr, y te encontrarás teniendo más éxito en esta estrategia que si no.

Recuerda, esta estrategia sólo funciona en ciertas situaciones y debe ser utilizada sutilmente y ocasionalmente. Es fácil luego de lograr el éxito algunas veces querer usarla como un retroceso, pero esto podría meterte en problemas y podría empezar a crear experiencias negativas en tus relaciones. Una vez que los demás se dan cuenta de que esta es tu posición de repliegue podría causar resentimiento. Tienes que aprender a dejar que la otra persona se salga con la suya a veces, o puede que se canse de que siempre tengas el poder de ella.

Trata de usar este tipo de táctica en situaciones en las que no hay mucho que perder. No la uses en algo que pueda perjudicar tu relación con el tiempo. Por ejemplo, úsala cuando decidas qué comer o qué hacer durante una tarde en casa. No la uses cuando decidas qué auto o casa deben comprar.

Nunca pierdas la calma: Es importante mantener la calma cuando se utiliza la psicología inversa. Podría escalar fácilmente a discusiones donde puedes terminar frustrado o con los sentimientos heridos. Esto es especialmente cierto cuando se trata de gente joven. Sé paciente, puede que pase un tiempo hasta que empiecen a ver las cosas desde tu punto de vista.

Los arrebatos emocionales son naturales, así que asegúrate de que puedes manejarlos tú mismo antes de empezar. Si la otra persona los pierde, debes mantener la calma. Todos ellos para terminar su arrebato antes de que continúes con tu discusión.

Lo más importante de todo, es asegurarse de que esto no se haga en situaciones extremadamente serias. No sólo podría resultar contraproducente sino que podría causar daños irreparables como resultado. Un buen ejemplo de esto, es alguien con una condición médica seria que se niega a ir al médico. La resistencia de su pareja podría ser más fuerte que su deseo de obtener ayuda, y tú podrías terminar apoyando sus miedos en lugar de hacer que haga lo que seriamente necesita hacer.

Capítulo Seis: Un Maestro en Cada Escenario

La manipulación puede ser un tema bastante delicado hoy en día. Nunca antes en la historia habíamos visto a tanta gente tratando de manipular a otros para su beneficio. Las personas están constantemente alertas de los vendedores, bloggers, gurús de las redes sociales, expertos en marketing y otros. Donde quiera que mires parece que hay alguien que está tratando de dominar a los demás para su propio beneficio.

Sin embargo, para convertirse en un maestro de la manipulación, tienes que ir más allá de todo eso y encontrar formas de poner a las personas de tu lado. Puede ser bastante inquietante cuando terminas siendo víctima de algún tipo de tácticas sucias de negociación, especialmente cuando te va a hacer perder meses o incluso años de tu tiempo y dinero ganado con mucho esfuerzo.

Ten la seguridad de que, si no estás manipulando, hay una gran posibilidad de que te estén manipulando a ti. Está en el centro de toda negociación, ya sea que se trate de hacer que tu hijo de dos años use el baño o que tu jefe te dé un aumento. En este capítulo, vamos a enseñarte a usar estrategias de manipulación en cualquier tipo de situación de negociación. De esta manera, podrás reconocer a los manipuladores cuando estén tratando de persuadirte y podrás perfeccionar tus habilidades de manera que la mesa de negociaciones se convierta en una ventaja para ti.

Cómo Manipular a Tu Jefe en Secreto

Si tienes un jefe bastante difícil, te puede generar mucho estrés. Los jefes difíciles son conocidos por ser narcisistas empedernidos, por tener favoritismos y a veces incluso por hacer una o dos rabietas. Este tipo de personas te dejan sintiéndote inseguro y ansioso y terminas pasando gran parte de tu valioso tiempo quejándote en lugar de trabajar para lograr tus propias metas.

Es hora de cambiar eso. Primero, debes aceptar lo obvio. Tu jefe no va a cambiar, no importa cuánto le grites o lo mucho que te esfuerces por complacerlo. Él simplemente no quiere cambiar. Sus tonterías infantiles le han funcionado hasta ahora, así que en lugar de desperdiciar tu energía trabajando para que él tenga otro estado de ánimo, necesitas cambiar tus propias estrategias.

No importa a quién quieras manipular, es importante que entiendas de dónde vienen. Tienes que averiguar lo que está alimentando su comportamiento difícil y desafiante. ¿A qué le teme y qué es lo que quiere? Esto se remonta a la construcción de tu propia inteligencia emocional. Puede que tengas que pasar algún tiempo observándolo en su hábitat natural para comprender plenamente lo que quiere.

Cuáles son sus miedos y/o deseos secretos: En casi todos los casos donde un jefe es un tirano, esas emociones negativas surgen de un miedo subyacente. De hecho, los deseos y los miedos son las dos emociones más fuertes de enfrentar. Si pones atención, todos están corriendo o escondiéndose de algún miedo secreto que está enterrado en lo profundo de su psique o están corriendo hacia algo que desean en secreto. Esto es lo que impulsa nuestro comportamiento. Una vez que entiendes cuáles son estos dos elementos en la vida de tus jefes, estarás en una posición de poder. Necesitas lo que él quiere evitar para saber lo que quiere lograr. Ahora puedes predecir su reacción a cualquier número de situaciones para poder desarrollar una estrategia que cambie las cosas a tu favor.

Echemos un breve vistazo a algunos tipos diferentes de jefes para ver cómo funciona esto:

- El Que Señala: este jefe pasa su tiempo culpando a los que trabajan bajo su mando porque tiene miedo, no tiene suficientes habilidades propias para tener éxito.
- El Ególatra: normalmente cree que es perfecto en todos los sentidos. Sin embargo, si observas su trabajo con atención, notarás que es alguien que deja atrás muchos proyectos que se

iniciaron, pero nunca se terminaron. Esta persona tiene un fuerte deseo de ser amada y admirada, pero en secreto siente que no merece nada de eso. Siente que si pierde el control todo se desmoronará. Cree que simplemente es una persona normal que intenta hacerse pasar por alguien especial.

Conviértete en su aliado: Una vez que conozcas los miedos y deseos de tu jefe, debes usarlo para convertirte en su aliado. Puedes hacerlo alimentando su deseo o protegiéndolo de sus miedos. Al convertirte en un aliado, en realidad estás recuperando el poder que él está tratando de robarte. Esto te dará una ventaja y te pondrá en posición de exigir más y probablemente conseguir lo que quieres y necesitas.

Para el jefe que pasa su tiempo culpando a sus empleados, tienes que aprender a controlar tus propias emociones y a no discutir cuando está enfadado. Las personas que culpan y gritan están tratando de inculcar miedo en los demás. Cuando no reaccionas con miedo, él comienza a darse cuenta de que no puede dominarte de esa manera y se calmará.

Cuando esté calmado, puedes presentarte como su ayudante personal en la resolución de problemas. Toma la iniciativa y ofrécete a "arreglar" el problema. Cuando el problema esté resuelto, él se sentirá exitoso y tú ganarás su confianza en el proceso. Después de varios intentos, te habrás convertido en uno de sus activos más importantes y en una herramienta que necesitará para alcanzar su propio nivel de éxito.

Con elególatra necesitarás mucha más fuerza y fortaleza para soportar la presión. Intenta seguir la corriente para que puedas alimentar su necesidad de tener empleados que sean leales a él. Este tipo de jefe necesita sentir que tiene el control el 100% del tiempo. Si sigues sus indicaciones puedes convertir un mundo de caos en paz y orden. Si eres lo suficientemente bueno, puedes posicionarte como el compañero de confianza del que no querrá prescindir. Con el tiempo, cuando él ascienda, hay una mayor posibilidad de que tú asciendas al mismo tiempo.

Ten en cuenta que tu objetivo no es destruir a tu jefe y hazle saber que no te está manipulando. Eso sería contraproducente para tus metas. Estás tratando de usar sus miedos y deseos de una manera que te ayude a alcanzar tus objetivos. En consecuencia, creas una situación beneficiosa para todos en los que ambos puedan ganar. Esto liberará mucho estrés en el trabajo y te dará un nivel de satisfacción más alto.

Hazte Cargo de las Reuniones: A veces tu jefe intenta avergonzarte en una reunión o simplemente se niega a escuchar tu punto de vista. En ese caso, tendrás que preparar una estrategia antes de la próxima reunión para poder transmitir tu punto de vista.

Comienza asegurándote de que tienes un grupo de consenso antes de que empiece la reunión. En otras palabras, encuentra amigos y aliados entre los que van a asistir. Si no crees que tienes suficientes personas de tu lado, convence a tu jefe para que amplíe el alcance e invite a más personas, asegúrate de que tus aliados estén en esa lista.

Prepara a tu gente y anímalos a apoyar tus ideas. Cuando comience la reunión, ofrécete como voluntario para ser el que tome las riendas. De esa manera podrás elaborar el seguimiento para que apoyen tus ideas. Después de la reunión, envía un correo electrónico detallando los acontecimientos de la reunión y asegúrate de que esté escrito para mostrar que se llegó a un consenso a tu favor.

No importa lo que realmente sucedió en la reunión. Según el principio de que la mayoría de la gente seguirá la corriente; las personas normalmente van a reestructurar su memoria para que coincida con lo que está escrito en tus actas. Sin embargo, es importante asegurarse de que cuando presentes tus actas, hayas dado al menos algún reconocimiento a los puntos de vista de los demás presentes en la reunión.

Tienes que estar preparado si alguien te acusa de cambiar el curso de la reunión. En tus actas, respáldate usando frases como "el sentido general de la reunión fue…". O "se presentaron varias sugerencias alternativas incluyendo…", "hubo una diferencia de opinión sobre…" "Sin embargo, no hubo grandes objeciones al concepto de que..." Esto demostrará que se consideraron otras ideas y sugerencias.

Si crees que es una estrategia inescrupulosa, entonces piénsalo de nuevo. Piensa en todas las reuniones que se planificaron para discutir un tema y al final, el tema principal de discusión fue una cosa pero, al final, la mayoría de la gente terminó discutiendo algo completamente diferente. Es una práctica común en las reuniones de negocios y probablemente pensaste que no debía suceder. La única diferencia es que ahora sabes que fue una estrategia planificada.

Entierra Información: Otra estrategia clásica de manipulación es encontrar formas de ocultar información crucial para crear una base de "negación convincente". Cuando exista información que pueda parecerte perjudicial a ti o a un caso en el que estés trabajando es, en la mayoría de los casos, esencial que informes a tu jefe. Sin embargo, hay maneras de hacerlo sin que tú o tu jefe se metan en problemas.

Si tu jefe es como la mayoría de las personas, constantemente está apurado. Si le das un montón de papeles, es probable que no tenga el tiempo o el deseo de leerlos todos antes de firmarlos. Si escondes la información que tienes que reportar en unas cuantas páginas antes del final del documento, es bastante probable que no lo lea. También puedes tener éxito si agregas el documento a otro informe como un archivo adjunto.

Si tu jefe sí se toma el tiempo de leerlo, es probable que sólo le dé un vistazo superficial y luego pase a otra cosa. Una vez que haya tomado su decisión, de acuerdo a la información que le hayas manifestado o que se entere de la información negativa más tarde, puedes informarle honestamente que le proporcionaste los datos en dicho informe y asumiste que él ya lo había leído y no tuvo preguntas al respecto.

Esta forma de manipulación también puede parecer un poco deshonesta, pero es una práctica común en las oficinas corporativas. ¿Cómo crees que muchas de estas corporaciones se están saliendo con la suya con millones, si no es que miles de millones de dólares de contratos legales que impiden que el cliente promedio se entere? Una compañía de telecomunicaciones tiene un contrato que le dan a sus clientes por un simple servicio telefónico mensual de sesenta páginas. No pienses que eres el primero en intentar esto y no esperes que otros dejen escapar oportunidades por no hacer lo mismo.

Crea una Ilusión de Elección: Cuando quieras estar seguro de que tu jefe tomará una decisión a tu favor, puedes crear una ilusión que le haga pensar que puede elegir.

Comienza por preparar tres métodos posibles para tratar una situación específica. Sin embargo, querrás estar seguro de que en dos de las opciones que le des sólo parezcan posibilidades, pero si realmente se ponen en práctica resultarán no ser posibilidades. Puedes ofrecer una opción que ponga en peligro su bonificación, o puedes presentar una opción a la que todos los miembros del equipo se opondrían. La tercera opción sería la que realmente quieres que haga. Tu jefe normalmente considerará las tres opciones y luego tomará su decisión.

Aunque este es un enfoque muy efectivo, tu jefe probablemente apreciará tu gran trabajo por hacer una investigación tan exhaustiva para ayudarlo. Tienes que llevar a cabio esta estrategia con precaución. No puedes permitir que sea demasiado obvio lo que está haciendo. Si tus dos opciones adicionales no son creíbles o están dentro del ámbito de las posibilidades, tu jefe se dará cuenta de lo que estás haciendo y podría terminar causándote más daño que bien.

Usar las palabras es clave en este escenario. Al expresar las dos opciones que no son viables con palabras como "valiente" o "atrevido" le dará la idea de que crees que él es lo suficientemente fuerte para manejar una decisión tan atrevida, pero hará que se sienta más cauteloso en su enfoque. El truco del éxito está en crear malas decisiones cuidadosamente que aparenten ser viables y que parezcan iguales en naturaleza a la que quieres que tome.

Demasiado Trabajo: Esta funciona bien cuando no quieres hacer tareas que realmente no te gustan. Empieza por ajustar tu apariencia. Cuando estés en la oficina, haz el esfuerzo de caminar con un gran montón de papeles en tus brazos. Como hábito, camina rápido y da la apariencia de que siempre te estás dirigiendo a hacer algo, incluso si es sólo una ida al baño.

Si te pregunta cómo estás, responde con un giro de ojos y una respuesta rápida. "Estoy agotado", "No sé cómo hago para reunir suficiente energía para hacer esto o aquello". "Estoy tratando de hacer esto". Si tu oficina tiene que hacerse cargo de otras reuniones, trata de asistir a todas las que puedas para poder decir honestamente que estás demasiado ocupado. Tu objetivo es dar la impresión de que estás demasiado ocupado para hacer cualquier otro trabajo.

Lo que suele suceder es que te harás una reputación de que siempre trabajas duro y te ganarás el voto de simpatía. Tu jefe lo notará y, a medida que escuche comentarios de otros sobre tu diligencia en el trabajo, se negará a añadir más a tu carga de trabajo y le dará ese trabajo adicional a otra persona de la oficina.

Esta es una estrategia muy efectiva pero sólo funcionará con el tipo de jefe que valora el trabajo duro por encima de los resultados cuantificables. Si tienes el tipo de jefe que quiere informes reales y una prueba sólida de lo que estás haciendo, este no va a ser el mejor enfoque.

Lugar equivocado en el momento equivocado: Esta es una estrategia intencional que te pone en el lugar equivocado en el momento equivocado. Tu objetivo es hacer que sea inconveniente para tu jefe responder como lo haría normalmente a tus sugerencias. Puedes darle una idea en un momento en el que esté en una reunión con un cliente o hablando por teléfono bajo el pretexto de ser útil.

Justo antes de que empiece la reunión, dale una gran cantidad de información para desestabilizarlo. También podrías hacer una expresión justo antes de que esté listo para dar su discurso. A medida que le proporciones la información, añade una frase como: "Me enteré de que a él no le gustó la última presentación que alguien le hizo, así que depende de usted hacerlo bien ahí dentro. Pensé que esta información ayudaría".

Estas son dos cosas que son importantes que ocurran en el momento adecuado. Primero, el momento tiene que ser exactamente el correcto. Si es demasiado pronto le darás la oportunidad de recuperarse, si es demasiado tarde puedes perder tu oportunidad. Segundo, tu mensaje tiene que ser lo suficientemente vago como para que él no tenga ninguna manera de verificarlo.

Aparte de eso, tienes que asegurarte de que entienda que no estás tratando de afectar su trabajo, sino que sólo quieres ser útil.

Estrategias de Negociación Infalibles para Manipular Tu Camino al Éxito

El arte de la negociación es un área de negocios donde la manipulación puede resultar muy poderosa. De hecho, es el único lugar donde la manipulación no sólo es efectiva sino también necesaria. Bien sea que estés comprando un auto nuevo o estés cerrando un acuerdo multimillonario importante en un inmueble de bienes raíces de primera calidad, conocer la psicología detrás de la manipulación y los métodos de negociación puede ahorrarte una enorme cantidad de dinero, tiempo y energía.

Decepción: Dejar que la otra persona vea decepción en ti puede ser muy efectivo. Estudios han demostrado que sólo demostrar decepción es lo que hace falta para incrementar el tamaño de las concesiones hechas a tu favor. Si estás considerando comprar un auto nuevo, por ejemplo, puedes notar que el vendedor no parece estar complacido con tu oferta. Puede que tenga un propósito. Puede estar muy contento con tu oferta, pero actuar como si estuviera decepcionado te hace sentir culpable y te obliga a ofrecer más o le abres la puerta para que pida más. Esto también disminuye la posibilidad de que cambies de opinión y te arrepientas de haber bajado tu oferta.

Cuando esto se hace en la primera oferta, te pone en posición de poder en el proceso de negociación. En vista de que las personas con poder rara vez aceptan la primera oferta que se les hace, la dirección en la que se mueven las ofertas estarán basadas en la forma en que respondas. La falsa decepción te permite decidir en qué dirección irá la siguiente oferta.

El Destructor Anti-Negociación: Cuando la otra parte use la carta de la decepción contigo, la forma en que respondas podría devolver la dirección a tu favor. Respondiendo con una afirmación como: "Lo siento, no tengo autoridad para responder a una oferta tan buena, tendré que postergarlo a mis superiores". Por lo general, responderán con un número que quieran y tendrás el control nuevamente.

"Puedes hacerlo mejor que eso": El silencio es una gran herramienta para cualquier negociador. Estamos psicológicamente preparados para llenar los espacios en blanco cuando hay demasiados silencios en las conversaciones. Es por eso que, cuando los cobradores llaman, normalmente dicen algo como "no hemos recibido su pago de este mes", y luego se quedan callados.

No presionan ni preguntan qué pasó y casi siempre sentirás la presión del silencio y dirás algo. Es entonces cuando empiezas a dar excusas o a explicar por qué no has pagado tu factura.

Esta misma táctica funciona con las negociaciones. Cuando les dices que tienen que hacerlo mejor y esperas, la mayoría de las veces, harán las concesiones. El silencio te hace un maestro de las negociaciones.

La Estrategia de Estar a La Defensiva: Esta estrategia utiliza la psicología inversa como fundamento. Los manipuladores la utilizan cuando están tratando con una persona, cuando no han sido capaces de ganar su confianza o cuando no han funcionado todavía otras formas de manipulación.

Al decirles que están "a la defensiva" y luego decir una broma a sus expensas inmediatamente después, le quita mucho estrés a la situación. Piensa en cómo reaccionarías tú a una afirmación como esta en medio de una negociación.

"Dios mío, no esté tan a la defensiva. Relájese un poco, simplemente estamos discutiendo algo que es beneficioso para usted. Si lo acepta, nos llevará a la bancarrota a menos que podamos lograr que baje sus muros defensivos y nosotros podamos sacar algo de ello también".

La afirmación está diseñada para hacer que la otra persona baje la guardia y tal vez hasta se ría un poco. También le hace pensar que las negociaciones ya van a su favor y que puede perder el negocio si no empieza a hacer más concesiones.

Si alguien utiliza esta táctica contigo, ¿cómo responderías? En la mayoría de los casos, uno podría verse obligado a bajar la guardia en un esfuerzo por demostrar que la otra persona está equivocada. No caigas en este truco. La mejor respuesta sería decir algo como: "La forma en que estás impulsando este acuerdo es lo que está haciendo que me ponga a la defensiva. Si quieres que lleve esto más allá, es por esto que…"

Este tipo de defensa te devuelve el control y estás a cargo de las negociaciones una vez más. También podrías hacer una broma. "No te lo tomes tan en serio. Todos somos amigos aquí, si las cosas no salen como quieres, siempre puedes venir a mi casa. Tú cocinas, ¿verdad?"

Ser la máxima autoridad: En la mayoría de los casos, cuando una persona dice que tiene cierta libertad para decidir un precio, puedes apostar que no tendrá la última palabra en nada. De hecho, significa que no tienen mucho poder en absoluto. Tienes que encontrar a la persona que realmente está a cargo de lo que sucede en las negociaciones. Normalmente se trata de alguien que se hace pasar por una persona insignificante.

Puede ser el silencioso de la mesa que está fingiendo no tener ningún control sobre la situación. Hacen esto para poder usar la estrategia de "mosca en la pared" para descubrir información y jugar todo tipo de juegos contigo.

Si te presentas como una máxima autoridad falsa, puedes tener éxito en:

- Retrasar las negociaciones hasta el momento en que estés mejor preparado.
- Tomar una postura más fuerte sin parecer el villano.
- Ofrecer una concesión de último minuto si es necesario.

Hay muchas maneras de responder cuando alguien utiliza esta estrategia de negociación contigo:

- Sigue la corriente, pero haz una nota mental del juego que está jugando. Podrías responder diciendo: "No vas a jugar el juego del policía bueno/policía malo conmigo, ¿verdad?"
- Puedes estar de acuerdo y luego decirles, "cuando te reúnas con tu jefe hazle saber que me gustaría conocerlo".
- O podrías llamarlo como tal y decirle que sabes que él es el jefe.

Aprobación de Último Minuto: En casi todas las ocasiones en que alguien está presionando para tener una concesión de último minuto, sabes que estás tratando con un maestro manipulador. Hay muchas maneras, pueden mostrar su mano. Puede que estén de acuerdo con la transacción y luego informarte que necesitan una aprobación adicional de otra persona. Darán la apariencia de que el acuerdo está hecho, pero luego se detendrán para finalizar todo. Más adelante, volverán y te dirán que su jefe está siendo muy difícil.

Si esto te sucede, cuando regresen, diles que también tienes una autoridad superior y que necesitas remitirlo a ellos para tomar una decisión final. Cuando regreses, pide tu propia concesión. Si ellos necesitan el trato más que tú, esto podría convertirse en un enfrentamiento final. Podrías ponerte en una posición en la que podrías sorprenderlos fácilmente con un poco de presión.

Por ejemplo, "He considerado esto seriamente y realmente quiero mantener mi posición en esto. No me gusta ir en contra de mi palabra, pero creo que necesito pedir un 10% más". Después podrías sentirte culpable por ello y luego hacer una pequeña concesión. "Como les coticé un precio diferente antes, puedo darles un 5% de descuento, pero necesito una respuesta pronto. ¿Puede volver a contactarme antes del fin de semana?"

Policía Bueno/Policía Malo: Esta es una expresión que todos conocemos y que solemos asociar con autoridades legales, pero funciona si también tienes un socio en la mesa de negociaciones. En cada caso, el policía malo es el que está firme en su posición y no quiere ceder. Cuando hay demasiada demanda sobre la mesa, el policía malo finge ira y sale furioso de la habitación dejando al policía bueno para que sea el chico bueno. El policía bueno entonces juega la carta de la autoridad superior y difiere la decisión final al policía malo.

Si alguien juega este juego contigo, no tengas miedo de ser tu propio policía malo. Si eso no funciona, finge que te estás rindiendo y usa lo siguiente que hagan para tu ventaja. Por ejemplo, si el policía bueno te presenta una oferta, entonces sabrás lo que ellos consideran un buen acuerdo y lo que quieren, pero también sabrás lo que no aceptarás.

Fraccionamiento: La Herramienta de Seducción de los Grandes Manipuladores

¿Alguna vez te has preguntado por qué "ese tipo" era el que siempre conseguía a la chica? ¿Por qué él o ella parecía tener siempre a alguien colgando de su brazo, pero tú nunca podías pasar de la primera base con nadie? No importa quién seas o de dónde vengas, siempre hay alguien que es capaz de hacer lo que sentías que estaba cerca de ser imposible cuando se trata de relaciones.

Para tener una relación cercana con alguien, tienes que poder atraer a las personas hacia ti. La creencia común era que atraer a la gente era una cuestión de apariencia, gestos y atractivo sexual. Sin embargo, ahora según los estudios de la psicología moderna, la atracción parece estar al alcance de cualquiera a través del desarrollo de la habilidad manipuladora del fraccionamiento.

El nombre se deriva de su definición científica básica: *un proceso de separación en el que una mezcla se divide en múltiples partes de menor tamaño*. Este parece un término inusual cuando se trata de atraer al sexo opuesto, lo cual la mayoría de nosotros estaríamos de acuerdo en que requiere cierto nivel de habilidad en el arte de la seducción, pero si te quedas conmigo acá, verás cómo funciona.

Cuando se trata de relaciones, el fraccionamiento combina varias teorías en una sola. Con el uso cuidadoso de la psicología, la persuasión y el misterioso arte de la hipnosis, puedes atraer a casi cualquier persona hacia ti. Básicamente, cuando lo reduces a lo básico, es simplemente el lado manipulador de la seducción. Debido a su poder de atracción, muchos se preguntarán si está bien o no usarlo. Sin embargo, la decisión de si lo usas o cómo lo usas depende enteramente de ti. Muchos afirman que puedes atraer a otra persona en tan sólo 15 minutos.

Fuerza mental

Con todas las expectativas que rodean al fraccionamiento, casi suena atemorizante y místico como si fuera parte de las artes oscuras. En realidad, sin embargo, podría describirse tan fácilmente como una técnica de conversación diseñada con el único propósito de sacar a relucir emociones fuertes en la otra persona. Emociones tan fuertes que automáticamente las conectará contigo.

La Preparación: Si atraer a alguien del sexo opuesto fuera tan fácil como acercarse y hablarle, entonces todos tendrían a alguien a su lado. Para poder usar esta estrategia de manera efectiva, tienes que dedicar algo de tiempo a la preparación. Antes de comenzar, hay ciertas habilidades en las que debes trabajar para desarrollar:

- Habilidades de liderazgo: Especialmente si eres hombre, la mayoría de las mujeres no están interesadas en un seguidor. Si eres mujer, la mayoría de los hombres están interesados en una mujer independiente pero no en una mujer dominante. Aprende a ser más equilibrado y flexible.
- Tu autenticidad: No quieres lucir como alguien que viene de un molde. Necesitas un interés que asegure que te destacas entre la multitud.
- Habilidades sociales: Aumenta tu confianza al hablar con el sexo opuesto mientras estás en una multitud. Practica hablar tanto con hombres como con mujeres en diferentes ambientes hasta que puedas desarrollar una conversación casual cómodamente sin importar dónde estés.
- Conoce el campo de juego: Aprende acerca de todos los lugares de interés donde le gusta reunirse a las personas en las que estás interesado. Familiarízate con diversas opciones para que cuando estos lugares aparezcan en la discusión, puedas participar fácilmente. Esto también te da unos cuantos lugares estupendos para recomendar si quieres invitar a alguien a salir.

Todas estas cualidades sólo se pueden lograr si abordas cada encuentro con confianza. Ten en cuenta que la palabra utilizada es confianza, no arrogancia. Las estadísticas muestran que la confianza es la cualidad más atractiva para las personas. Si realmente quieres atraer a alguien a tu vida, deshazte de tu extraña timidez y permítete presentarte a ti mismo en una luz más positiva.

Tu objetivo con este tipo de preparación es posicionarte de manera que luzcas deseable a los ojos de la otra persona. Ten en cuenta que todas estas cosas deben hacerse antes de abrir la boca y decir tu primera palabra.

Acostúmbrate a verte bien siempre cada vez que salgas por la puerta de tu casa. Enriquece tu guardarropa de manera que tengas algo moderno y atractivo. Aunque la apariencia no lo explica todo cuando se trata de atraer al sexo opuesto, sí importa. Nadie quiere a un descuidado y desarreglado a su lado. Esto no significa que tengas que llevar la ropa más cara o el último grito de la moda, pero como mínimo, asegúrate de que la ropa que llevas es o ha sido elegante en la última década y está limpia.

Tus Emociones: El arte del fraccionamiento es muy similar al estilo de escritura utilizado en esas telenovelas adictivas que se ven todos los días. Pregúntate, ¿por qué la gente se pega al televisor para ver cobrar vida una historia ficticia? Es porque es fácil, los personajes son aquellos con los que se pueden relacionar y la línea de la historia se basa en sus **emociones**. Esto funciona porque la emoción siempre está en el centro de la seducción. No puede haber seducción si no hay emociones involucradas. Esto significa que más que decir palabras bonitas, estás evocando una forma de control mental así que tendrás que sacar todas las armas de tu arsenal, incluyendo el uso de tu lenguaje corporal, controlar tu tono de voz, e incluso algunas formas sutiles de hipnosis.

Cuando escojas tu objetivo, no dejes que tus propias inseguridades se interpongan en el camino. Nunca minimices el valor de lo que tienes para ofrecer en una relación. Eso significa que la idea general de "ella está fuera de mi alcance" no debería ser parte de tus pensamientos. En lugar de eso, quieres que piensen que ellos no están en tu campo, pero quieres que se sientan lo suficientemente seguros de que pueden estarlo. Esto crea un área de desafío que les hará pensar que eres digno de persecución.

Cuando hayas elegido tu objetivo cuidadosamente, estás listo para emplear tus habilidades en el fraccionamiento. Comienza con tu estilo de conversación. Aquí es donde aplicarás tus excelentes habilidades de conversación. Recuerda, la conversación es más que sólo pronunciar las palabras correctas, sino que también debes aprender a hablar con tu cuerpo. Tu objetivo no es crear una atracción física sino establecer una relación. Tu nueva relación debe basarse en la confianza, la cual será vital si esperas que la relación dure más que unos pocos días. Esto requerirá tener que hacer muchas preguntas para que ella se involucre en la conversación, pero ten cuidado. No se trata de una entrevista de trabajo, sino de suficientes preguntas para demostrar que estás interesado, pero no lo suficiente como para hacerla sentir que eres un entrometido, chismoso o un fisgón.

La conversación debe ser convincente y emocionalmente diversa. Lo que quiero decir con esto es que nunca debes mostrar una emoción, debes despertar una serie de sentimientos. Tu objetivo es construir el tipo de conversación de la que ellos querrían formar parte. Elije temas que tengan altibajos emocionales y úsalos como un ancla para mantenerlos allí. A partir de ahí puedes girar en cualquier dirección que desees y ellos te seguirán.

Comenzar es la parte complicada. Empieza haciendo preguntas de sondeo pero no invasivas para iniciar la conversación. Puedes pedirles que te cuenten algo que les haga felices. O podrías preguntarle sobre algo relacionado con otra emoción poderosa. Después de hacer esto hábilmente, te seguirán con mucho gusto a lo largo de toda una serie de temas de conversación. Al aprovechar tanto las emociones positivas como las negativas, una tras otra, y al emplear tus otras habilidades de conversación como las inflexiones de la voz, el tono y el lenguaje corporal, los habrás enganchado.

Entonces, ¿cómo escoger un tema que va a ser el giro inicial y luego seguir avanzando con el mismo? Piensa en la polaridad o concéntrate en alternar una secuencia de emociones opuestas. Placer/dolor/placer/dolor y así sucesivamente. Cuanto más tiempo puedas mantener este hilo en marcha, más fuerte será el vínculo que vas a construir.

Por ejemplo, "¿Alguna vez has sido muy cercano a alguien? ¿Tan cercano que sentías que eras dos lados de la misma persona y de repente se fue? ¿Simplemente murió?" Esta frase comienza con algo lleno de alegría y felicidad y luego termina con un descenso emocional de pérdida y tristeza.

Otro ejemplo: "¿Alguna vez has conocido a alguien y estabas seguro de que era la persona indicada para ti? ¿Que los dos estaban destinados a estar juntos? ¿Y que de repente se fue? ¿Pasó algo que los separó?"

Como puedes ver en los ejemplos anteriores, tus preguntas deben tener cierto nivel de profundidad. No te conformes con las expresiones superficiales que se escuchan comúnmente. Busca maneras de agregar temas que sean intrigantes y haz que expresen sus sentimientos más profundos.

No siempre es fácil encontrar maneras de entrelazar este tipo de preguntas en una conversación regular y requiere práctica. Sin embargo, una vez que lo hagas, habrás comenzado una nueva relación con alguien que puedes empezar a construir con el tiempo. El fraccionamiento puede ser un desafío, pero eventualmente podrás dominarlo y como resultado, hacerte más atractivo e interesante para los demás.

La idea detrás del fraccionamiento es crear un aura de suspenso. Piensa en las telenovelas. No empieces de inmediato con afirmaciones como que te gustan de verdad. Estas funcionan en raras ocasiones porque no puedes estar interesado en alguien de quien no sabes nada. Eso sólo les dice que quieres llevarlos a la cama. La gente quiere un desafío por el que puedan trabajar, así que no hagas que sea demasiado fácil ganarse tu interés. Si se sienten demasiado cómodos, perderán el interés rápidamente y pasarán a otra persona.

La confusión también puede ser muy efectiva para atraer a otros. Si estás muy interesado en un momento y despreocupado en el siguiente, esto crea una pregunta en sus mentes. Querrán conocerte mejor para saber qué hay realmente debajo de la superficie.

Qué evitar: Esto es sólo el comienzo de una relación. A medida que pase el tiempo, tendrás que seguir buscando nuevas formas de mantener el interés. A medida que construyes sobre los cimientos que has establecido, trata de evitar lo siguiente:

- Tener malos modales: vivimos en un mundo en el que los modales han sido arrojados por la ventana, pero eso no debe ser una excusa. Siempre recurre a la cortesía y al respeto.
- Hablar de tus relaciones previas: no importa cuánto te hayan herido o decepcionado en el pasado, eso nunca debe ser parte de una conversación con una nueva relación.
- Despreciar sus emociones: a una persona enojada nunca le gusta que le digan que se calme. Aunque no estés de acuerdo con cómo se sienten, sus emociones son reales y válidas para ellos.
- Publicar fotografías con otras mujeres u hombres.

Ya lo entendiste. Recuerda, estás tratando de atraerlos a ti. Los hombres que se quejan de la menstruación de las mujeres o de sus cambios de humor sólo van a estropear tu arduo trabajo. Del mismo modo, las mujeres que desafían su masculinidad rara vez serán la base de una relación a largo plazo.

No hay duda de que empezar una nueva relación es difícil. La combinación de nervios y emociones puede ser difícil de sobrellevar. Sin embargo, si sientes que estás listo para embarcarte en esta aventura, no es imposible. Aumenta su confianza y da lo mejor de ti. Si una vez que has comenzado no te sientes cómodo en la nueva relación, no tengas miedo de alejarte. Es mucho mejor que arrastrar una mala relación para evitar lastimar sus sentimientos. Sólo dolerá más después.

11 Técnicas de Manipulación Menos Conocidas para Seducir

Yendo sólo un paso más allá, después de atraer a la persona, tu siguiente objetivo es mantenerla allí hasta que esté tan comprometida contigo como lo estás tú. Esto no siempre es fácil, pero si has mantenido tu inteligencia emocional elevada, puede ser más fácil de lo que crees.

Hay muchas maneras de mantener a alguien a tu lado, pero si quieres emplear herramientas que hagan que la persona **quiera** estar a tu lado, entonces debes prestar mucha atención a los patrones de su comportamiento. Observa lo que hacen cuando están siendo ellos mismos y usa esto como una señal de lo que puedes hacer para mantenerlos interesados. Dependiendo de tus observaciones, puedes usar una o una combinación de las siguientes técnicas de manipulación para dar el siguiente paso en tu relación.

Adulación: La adulación es diferente de dar un cumplido regular o genuino a alguien. En realidad, es dar cumplidos que no son necesarios. Ten cuidado cuando adules a alguien; puede tener repercusiones peligrosas. Al adular a alguien para alimentar sus propias inseguridades, puede que se sienta atraído por ti o puede empezar a verte de manera sospechosa. Un buen ejemplo de esto es que, si halagas a un hombre que no está muy confiado en su propio sentido de la masculinidad, puede disfrutar escuchando tus palabras de alabanza, pero puede sospechar de la sinceridad de tus palabras. Preferiblemente, querrás descubrir qué lo hace sentirse inseguro y le darás el apoyo suficiente para reforzar su confianza, pero sin exagerar.

Ej: "Eres un chico tan duro que intimidas a todos los que te rodean". Esto halagará a un hombre que se siente inseguro de su masculinidad.

Ej: "Eres mi muñequita". Esto halagará a una mujer que pueda sentirse insegura con respecto a su peso.

El Caballo de Troya: Algunos podrían describir esta táctica como un soborno. Si los sigues dotando de regalos, sin importar lo pequeños que sean, se sentirán obligados a quedarse contigo. Esto se puede hacer muy sutilmente como en el caso de comprar una comida. Esto los hará sentirse obligados a tener una conversación regular contigo, pero algunos han llegado a extremos. Por ejemplo, algunos han pagado para mantener todo el estilo de vida del otro, dándoles casas, autos, etcétera. En tales casos, el grado de sensación de deuda crece. En esos casos, pueden sentirse como si fueran dueños de la otra persona, lo cual conlleva su propio conjunto de riesgos.

El Tratamiento Silencioso: La ausencia de comunicación puede tener efectos devastadores cuando se han acostumbrado a una conversación regular. Este tipo de manipulación fácilmente puede poner nerviosa a una persona y hacerla sentir que ha hecho algo malo y se esforzará por arreglarlo por ti.

El Espejo: Las personas también han hecho como si nada con el fin de mantener a alguien con ellos. Pueden fingir que comparten los mismos valores o demostrar que les gustan las mismas cosas. Incluso se ha sabido que los manipuladores fabrican una línea de historia completamente nueva para atraer a otros. El único propósito del espejo es dar a la otra persona exactamente lo que necesita escuchar para aumentar su estabilidad emocional.

Tomar la Decisión por Ellos: Los hombres suelen ser los que toman esta táctica. En un esfuerzo por afirmar su masculinidad, pueden tomar decisiones por la otra persona. Al decidir qué comerán, adónde irán o qué harán, la otra persona, con el paso del tiempo, se hará dependiente de ellos y no querrá irse.

La Gran Pregunta: Esto implica pedirles algo que es mucho más de lo que sabes que pueden permitirse dar. Sabes que se verán forzados a negarse pero, en un intento de compromiso, se conformarán con lo que tú quieres de ellos en primer lugar. Por ejemplo, puedes pedirles que se muden contigo, lo cual sabes que es demasiado pronto en la relación para eso. Luego puedes pedir algo que sea menos arriesgado, como salir y pasar un fin de semana juntos.

La Falacia Lógica: Plantar la idea en su mente de que, si no hacen lo que quieres, entonces no sienten nada por ti o no te quieren. Los adolescentes a menudo usan esta táctica de manipulación de manera bastante efectiva. "Si me amaras harías esto o aquello".

Lo Esperado: Puedes intentar mantenerlos a tu lado diciéndoles que es normal que hagas esto o aquello. "Hemos estado juntos durante seis meses. Es lógico que empecemos a vivir juntos".

El Sentimiento de Culpa: A menudo hay intentos de hacer que la otra persona se sienta avergonzada por no continuar con la relación. Al hacerles sentir que se han aprovechado de ti, se sentirán culpables de su propio comportamiento y se quedarán contigo. Esta táctica sólo funciona cuando conoces bien a la otra persona y sabes exactamente qué teclas presionar, pero cuando se usa adecuadamente, puede ser muy efectiva.

El Control a Distancia: Cada vez que la otra persona empieza a hablar de dejarte, cambia el tema a algo que sabes que le interesa mucho. No podrá resistirse a cambiar el tema y la conversación predestinada se pospondrá para otro día.

El Juego de Mesa: Cuando te piden que hagas algo que no quieres hacer, también puedes avergonzarlos cuestionando sus motivos. "¿Eso es lo que realmente quieres?" Si se hace de la manera correcta, puede hacer que la otra persona sienta que no estaba siendo razonable ni siquiera por sacar el tema.

Ten en cuenta que estas tácticas sólo funcionarán temporalmente. Hay pocas estrategias de manipulación que mantendrán a la otra persona conectada indefinidamente si no hay una unión genuina y compatible. Así que, aunque la manipulación puede funcionar en una nueva relación, con el tiempo, eventualmente tendrán que trabajar en la construcción de esa relación sobre la base de una conversación honesta y una conexión emocional real entre ustedes dos.

Bombardeo de amor: El arte del "bombardeo de amor" no necesariamente se aplica exclusivamente a las relaciones. De hecho, su origen comenzó en una iglesia donde los líderes religiosos lo desarrollaron para atraer a nuevos feligreses a sus asientos. Literalmente los "bombardearon" con mucha atención y afecto. Con el tiempo, los padres comenzaron a utilizarlo como una forma innovadora de educar a sus hijos a través de la amabilidad y el cuidado. Con el tiempo, otros crecieron al ver que podía ser una herramienta poderosa que puede ser usada para controlar a las personas en todo tipo de ambientes. Ya sea a través del uso de palabras amables, la calidez de un abrazo tierno, o a través de las acciones emotivas, el éxito fue impresionante, ya que más y más personas comenzaron a sentirse atraídas por personas a las que nunca antes habían volteado a mirar.

La base del bombardeo de amor es mostrar tu objetivo con mucho afecto y atención en un esfuerzo por mostrar que eres la pareja de sus sueños. Una vez que se convenzan de que eres un romántico irremediable y tu objetivo esté convencido de que eres la pareja ideal, estarán listos para entrar en lo que esperan que sea una relación ideal.

Para que esta estrategia funcione, debe hacerse en varias etapas. En la etapa inicial, todo debe ser impecable en todos los sentidos. Esto implicaría llevar a cabo actos diseñados específicamente para ganar su confianza, dándoles palabras de aliento para fortalecerlos emocionalmente, y dándoles el apoyo y la paciencia necesaria cuando sea necesario.

Con el tiempo, estos actos pueden acercar a una persona a ti hasta el punto en que podrás dominarla emocionalmente. Los manipuladores malvados comenzarán a extender ese control lentamente y a mantenerlos atados a ellos a través de un bombardeo de mensajes de texto y llamadas telefónicas cuando no estén juntos. Para cuando esto comience a suceder, la otra persona estará tan desesperadamente dedicada que, incluso si detectan que algo no está bien, sus propias inseguridades serán tan poderosas que les resultará difícil romper con ello. Se han hecho adictos a esas grandes dosis de alabanzas y amabilidad. Ese es el punto en el que un manipulador puede empezar a aprovecharse de la situación.

Esta es una forma extrema de manipulación y los que la practican son generalmente aquellos que tienen una autoestima muy baja. Sólo utilizan el bombardeo de amor porque no creen que puedan seducir a una persona por sí mismos. Creen que la única manera de tener una relación es mediante el engaño, las mentiras y el control mental. Reconocen que si tienen un dominio completo sobre la otra persona no hay forma de que sean abandonados.

El ciclo de bombardeo de amor es difícil de pasar por alto. Puede ser fácilmente identificado si sabes lo que estás buscando. La relación resultante no se basa en ninguna forma de conexión verdadera, sino que se fundamenta principalmente en la idea de una relación romántica. El concepto de "almas gemelas" está en el corazón y la persona comienza a creer que todo es tan perfecto que debe haber sido el destino lo que los unió. Una vez que el objetivo acepta esta creencia, la relación puede volverse tóxica rápidamente.

Al principio, todo parece un sueño hecho realidad para la víctima, ya que el manipulador la deslumbra con un despliegue caótico de atención y afecto. El ataque de palabras y frases románticas es tan frecuente y constante que la víctima puede llegar a creerlo con tanta fuerza que se ciega a muchos de los errores, incluso cuando ocurren delante de sus ojos. Una vez que llega a este punto, es casi imposible que la víctima se libere del control que el manipulador tiene sobre ella.

Hay varias fases de bombardeo amoroso:

Devaluación: Esta etapa sucede después de la fase inicial de cumplidos, afecto y mucha atención. En la fase de devaluación, el manipulador convierte esa atención en desaprobación y rabia. Esto puede escalar a amenazas fácilmente, lo cual es una gran parte del condicional psicológico que le permite convertirse en un dictador del comportamiento de la otra persona.

Estos dos primeros ciclos pueden repetirse una y otra vez hasta que se alcanza un clímax importante.

Dejar ir: Después de que la relación ha escalado hasta el abuso, las víctimas comienzan a ignorar sus propias necesidades sólo para poder permanecer apegadas al manipulador. Si se les da el tiempo suficiente, se separarán de la familia y de los amigos, y dejarán todas las cosas que una vez amaron sólo para evitar o romper los conflictos que puedan surgir.

A veces puede hacer falta una intervención para ayudar a la víctima a separarse de la relación. Si la persona tiene algún nivel de fuerza emocional, puede encontrar la manera de romperla por sí misma. Puede que se canse de ser controlada o puede que sólo sienta la presión de los demás por ayudarlo a que se libere.

Si realmente estás buscando una relación duradera, debes evitar probar la estrategia del bombardeo de amor. Aunque puede atraer a una persona hacia ti, nunca será por las razones que tú quieres. Si sospechas que alguien te está bombardeando de amor, usa tus sentidos. Es posible que te llenen de cumplidos y regalos aunque no los conozcas muy bien. Pueden decirte una oración clásica como "Sé que estamos hechos el uno para el otro".

Fuerza mental

También saben cómo identificar a alguien que será susceptible a sus encantos ingeniosos. Pueden hablar abiertamente sobre una relación pasada en la primera cita. Podrán lamentarse de que la otra persona no los apreció o lo incomprendidos que se sintieron, detallando todos los elementos de su ruptura. Cuando eso suceda, ten cuidado. Están tratando de atraerte y jugar la carta de la simpatía. Sus palabras son cuidadosamente escogidas para que tú las escuches y sientas su dolor. Una vez que puedan convencerte de sus "sentimientos" es sólo cuestión de tiempo antes de que empiecen a controlarte.

Separarse de un bombardero de amor es difícil pero se puede hacer. Sin embargo, ellos continuarán dándote afecto en un esfuerzo por recuperarte. Si quieres mantenerte separado de ellos, sólo hay una manera de hacerlo. Debes romper todos los lazos con ellos y evitar cualquier tipo de contacto. También necesitas conseguir apoyo y reunir a aquellos en quienes confías para que te ayuden a resistir la tentación de volver. Y no importa lo que hagas, no te culpes por haber caído en este truco tan efectivo. Sólo sé feliz de haber sido capaz de liberarte y sigue adelante después de eso.

Capítulo Siete: Tácticas de Manipulación Avanzadas

La manipulación psicológica puede ser muy sutil y puede ser bastante obtusa. Dependiendo de tu objetivo, decidirás qué tácticas funcionarán mejor para conseguir lo que necesitas. Hasta este punto, las estrategias de manipulación que hemos discutido han sido bastante simples y básicas. Muchas de estas cosas se pueden captar fácilmente por ti mismo simplemente observando las interacciones del mundo que te rodea. Sin embargo, cuando estos otros métodos más básicos no funcionan, hay varios métodos avanzados que puedes intentar.

El Poder Manipulador del Afianzamiento

Un elemento clave de la manipulación es el arte del afianzamiento. Es una forma de psicología del comportamiento que permite al usuario ayudar a moldear el comportamiento futuro de su objetivo dándole alguna forma de afianzamiento. Si aplicas esta estrategia, puedes ganar una medida de control sobre tu sujeto y por ende moldear su conducta en formas que quieras ver.

Hay dos tipos de afianzamiento que se pueden aplicar. El afianzamiento positivo es el tipo de estímulo que los alentará a continuar conduciéndose de una manera que apruebes. El afianzamiento negativo daría un estímulo que ha sido elegido para cambiar su comportamiento por algo distinto.

Por supuesto, hay muchos grados diferentes para el tipo de estímulo que puedes proporcionar dependiendo del tipo de resultados que estés buscando. Si quieres que realicen el comportamiento con más frecuencia o que continúen con el comportamiento por un período de tiempo más largo, entonces debes usar el afianzamiento positivo. Si estás buscando que cambien su comportamiento o que disminuyan la frecuencia del comportamiento, debes usar un afianzamiento negativo. Dependiendo del tipo de afianzamiento que uses, puedes obtener un amplio rango de resultados.

Estímulos Gratificantes: Los estímulos que utilices como afianzamiento deben ser escogidos con mucho cuidado. Si esperas que sea efectivo, debes entender lo que tu sujeto quiere y lo que le gusta. La gratificación tiene que aprovechar sus necesidades básicas de deseo y placer o su uso no será efectivo. Todos tenemos necesidades básicas que nos impulsan a hacer las cosas que hacemos, así que cuando tu gratificación se aprovecha de esa necesidad interna, es más probable que fomente el comportamiento que deseas. En esencia, el afianzamiento sólo ocurre si el sujeto ve los estímulos como una recompensa o, en el caso del refuerzo negativo, como una pérdida.

Los padres son muy eficaces en el uso del refuerzo para que sus hijos hagan sus tareas. Pueden ofrecer un subsidio por hacer el trabajo de la casa o pueden ofrecer un fin de semana en un parque de diversiones por un comportamiento excepcionalmente bueno. Pero cuando miras a tu alrededor, vemos que el arte del afianzamiento se utiliza en todos los campos. Pocos de nosotros vamos a trabajar sólo porque disfrutamos del trabajo y nos hace sentir bien. Vamos por el sueldo/la recompensa. Pocos de nosotros estamos en relaciones en las que no estamos obteniendo alguna forma de satisfacción. Y rara vez pasamos nuestro tiempo libre haciendo cosas que odiamos. Cuando tenemos un momento libre para nosotros mismos, naturalmente buscamos las cosas que sentimos que son más gratificantes para nosotros. Obtener un aumento o un ascenso en el trabajo es un incentivo poderoso para que trabajes más duro en tu trabajo. Del mismo modo, perder el trabajo por un comportamiento indeseable también puede ser un fuerte afianzamiento negativo.

En la mayoría de las situaciones, el uso de afianzamientos se relaciona con el comportamiento, pero también puede relacionarse con la memoria. Un buen ejemplo de esto es algo llamado "refuerzo post-entrenamiento" donde la recompensa se da después de que el sujeto ha aprendido algo nuevo. Un manipulador puede usar el refuerzo para ayudar a mejorar su memoria de la envergadura, la duración y los detalles específicos de la lección hasta que esté firmemente plantado en su mente. En esos casos, la recompensa debe ser algo que toque al sujeto emocionalmente. De esta manera, conectan la lección con sus sentimientos personales.

Todos hemos experimentado este tipo de recompensa antes. Si eres de la generación mayor, puedes recordar sin mucha duda dónde estabas cuando explotó el Challenger o cuando ocurrió la tragedia del 11 de septiembre. Estos han sido descritos como "recuerdos flashes" porque ambos fueron eventos que nos dan emociones intensas. Si piensas en tu vida personal, esos recuerdos que son los más profundos en tu mente son los que te han tocado emocionalmente. Esto puede ser una herramienta emocional extremadamente poderosa cuando se usa de la manera correcta.

Para poder utilizar el afianzamiento de manera exitosa, tendrás que comprender plenamente la vulnerabilidad de tu objetivo. Esta información te ayudará a decidir qué tipo de recompensa le darás para moldear su comportamiento. Una vez decidido, debes tener cuidado de no excederte al dar la recompensa. Cuando es demasiado obvio, es muy probable que el sujeto entienda lo que está pasando y aplaste tus esfuerzos casi de inmediato. Sin embargo, al jugar un papel sutil y más pasivo, puedes llevarlos suavemente en la dirección que quieras que vayan.

Aplicar el Afianzamiento Positivo: Una de las formas más fáciles de afianzamiento es cuando alientas a seguir practicando un comportamiento deseado. Tu recompensa será dada como un medio para alentar al sujeto a continuar o intensificar un determinado acto. Algunos ejemplos de afianzamiento positivo:

- Puedes decir palabras de aliento para alentarlos a continuar.
- Dinero
- Aprobación
- Regalos
- Atención personal
- Reconocimiento público

El afianzamiento positivo no tiene por qué costarte nada. Los niños pequeños, por ejemplo, son felices con sólo una sonrisa de aprobación de sus padres. No te hagas el hábito de pensar que el afianzamiento positivo tiene que tener un valor monetario. Busca lo que esa persona necesita y úsalo para alentarlo. Incluso los adultos no siempre están contentos con el valor monetario. Las personas ven valor en todo tipo de cosas.

Aplicar el Afianzamiento Negativo: Cuando quieres que tu sujeto reduzca o disminuya un determinado comportamiento, entonces debes aplicar el afianzamiento negativo. En ese caso, debes eliminar una recompensa o impedir que alcancen la recompensa que buscan. El afianzamiento negativo también podría incluir darles algo que no les parezca deseable; algo que les haga sentir incómodos o que les resulte poco placentero. Es menos probable que ese afianzamiento los mantenga continuando con el mismo comportamiento por cualquier período de tiempo prolongado.

- Regañar
- Intimidar
- Gritar
- Maldecir
- Sentimiento de culpa
- Ley del hielo
- Mala cara

Notarás que todos los comportamientos mencionados arriba pueden hacer que tu sujeto se sienta extremadamente incómodo. Juegan con sus emociones y erosionan su autoestima personal causando que cese su comportamiento. Evalúa lo que sucede cuando un padre regaña a su hijo por no hacer las tareas de la casa. Si cada vez que el niño entra en la habitación, el padre o la madre lo regaña, le grita, lo avergüenza o lo amenaza, eventualmente comenzará a hacer sus tareas. La recompensa sucede cuando los quehaceres se terminan y el padre o la madre deja de regañarlos.

Otro ejemplo, un empleador tiene la política de que todo el trabajo debe estar terminado para el fin de semana o no pueden tener el fin de semana libre. Este es un afianzamiento negativo poderoso y da a muchos trabajadores un incentivo para aumentar su productividad durante la semana para que todo se haga a tiempo.

Extinción: El afianzamiento también puede tomar una posición neutral. Los afianzamientos positivos se utilizan para fomentar el comportamiento que deseas, los afianzamientos negativos están diseñados para desalentar ciertos comportamientos. Los afianzamientos de extinción, sin embargo, ocurren cuando no reconoces el comportamiento en absoluto.

Por ejemplo, un niño que se niega a reconocer que es un agresor en la escuela. Sin una reacción positiva o negativa, no hay combustible para que el agresor trabaje y perderá el interés en su objetivo rápidamente. También se puede ver cuando los empleadores no reconocen el trabajo que un empleado está haciendo. Con el tiempo, el empleado perderá el interés en su trabajo y dejará de intentarlo.

Ten en cuenta que el afianzamiento no es lo mismo que un castigo. El castigo está diseñado para corregir ciertas conductas y el afianzamiento está diseñado para alentar conductas. Puedes verlos como los lados opuestos de la misma moneda.

Hábitos Encantadores para Manipular a Cualquiera

El carisma puede ser una excelente herramienta para manipular a cualquiera. Cuando puedes ser encantador también eres simpático con los demás y se sentirán atraídos por ti. Sin embargo, hay una gran diferencia entre ser encantador y actuar con encanto. Algunas personas tienen una forma natural de atraer a la gente mientras que otras pueden tener que trabajar en ello. No es tan fácil como lo hacen parecer.

Cuando puedes usar el encanto, es fácil cegar a alguien de tus verdaderas intenciones. Por naturaleza, la gente tiende a escuchar sólo las cosas que quiere escuchar. A menudo toman decisiones que saben que van en contra de sus intereses, pero lo hacen de todos modos sin pensarlo dos veces.

Hay quienes ya saben cómo usar su encanto para atraernos, dándonos un fuerte sentido de confianza. Otros usan su encanto para que bajes la guardia y creas todo lo que te dicen. Y otros usan su encanto para hacerte sentir como si fueran amigos desde hace años, incluso cuando acaban de conocerse. Todas estas personas son muy hábiles para encenderlo y apagarlo a voluntad, lo que hace muy difícil reconocerlo cuando está siendo usado. Si no eres una de estas personas tendrás que desarrollar estas habilidades que son clásicas para los maestros manipuladores.

Reflejo: Reflejar o copiar el lenguaje corporal de la otra persona les envía una señal que les hace saber que estás muy interesado en ellos. Esto construye un vínculo de confianza que puedes usar más tarde cuando quieras obtener algo de ellos o hacer que hagan algo por ti.

En un entorno normal, las personas harán esto automáticamente sin siquiera darse cuenta. Sin embargo, puede ser una de las maneras más efectivas de ganarse a alguien cuando lo estás usando para conectarte con la otra persona. Piensa en cuántas veces has sonreído cuando has visto a alguien reflejándote. Tal vez ambos buscaron el mismo libro al mismo tiempo. Sus manos se tocan y no puedes evitar sonreír cuando te das cuenta de lo que está pasando. En un nivel subconsciente, le estás haciendo saber a la persona que tienen más en común de lo que han notado.

Mirar a Los Ojos: Todos sabemos lo importante que es hacer contacto visual cuando se trata de comunicarse. Es una de las mejores maneras de hacer que las personas sientan que son importantes para ti. Al usar esta técnica cuando estás tratando de persuadir a alguien puedes fijar tus ojos con los suyos con una mirada intensa que puede parecer casi hipnótica. Para obtener el mejor efecto, es importante que sea en un buen momento.

Por ejemplo, fijas la mirada en ellos inmediatamente después de decir algo que pueda hacer que se sientan incómodos puede atenuar el tipo de respuesta que te dan. Esto los saca de su juego y los desorienta por un minuto. Eso te dará tiempo para asimilar tus pensamientos iniciales.

Romper las Reglas: Hay una razón por la que el chico malo siempre consigue a la chica. Hay una cierta cualidad de encanto que todos parecen tener. Puede que estén rompiendo las reglas pero lo están haciendo de una manera juguetona. Pero no están rompiendo las reglas solamente por romperlas; eso tiene un motivo. Pueden intentar algunos movimientos íntimos contigo en la primera cita. Tocarte de una manera que normalmente no permitirías.

Este tipo de comportamiento es realmente una excursión de pesca. Están empujando los límites para poder ver dónde estás parado. Qué tan comprometido estás con tus decisiones. La forma en que respondas a estas pruebas determinará el método de manipulación a utilizar en el futuro. Si permites el contacto íntimo en la primera cita, puedes esperar que la intimidad aumente en el futuro.

Como regla general, los manipuladores usarán estas cualidades encantadoras para invadir tu espacio, llamar tu atención y mostrar su poder sobre su objetivo. Piensa en ello como si estuvieras jugando una partida de ajedrez en la que están haciendo una jugada para controlar la mente y el corazón del sujeto.

Confesiones: Algo que la gente encantadora sabe hacer es hablar. Son oradores muy elocuentes y saben cómo arrastrarte a una conversación y mantener tu atención hasta que han dejado claro su punto de vista. Son ávidos buscadores de atención y para ello necesitan saber cómo contar una historia que te mantendrá atento a cada palabra.

Los manipuladores harán lo mismo a un nivel más personal. En lugar de contar una buena historia, te contarán asuntos confidenciales para que vuelvas. Te hacen sentir como si confiaran tanto en ti, que compartirán sus secretos más íntimos contigo. Esto es generalmente la primera parte de una estrategia de manipulación. Empiezan por hacer que te conectes con ellos confesándote todos sus actos pasados. Seguirán hasta que estés tan involucrado que tengas que buscarlos para que te diga más. Entonces se detienen, literalmente tirando de la alfombra justo debajo de tus pies, negándose incluso a volver a hablar de esas cosas. Esto te deja con la sensación de que has hecho algo malo y harás cualquier cosa para volver al mismo nivel de comunicación que tenían antes.

Usar Nombres de Mascotas: En la superficie, llamar a tu pareja por sus nombres de mascota parece entrañable y cariñoso, pero en realidad, está devaluando tu papel en la relación. Llamar a alguien bebé, o cariño, o querida muestra que no te están viendo como un igual en la relación. Te hace sentir menos de lo que realmente eres.

Si continúan con este hábito durante mucho tiempo y luego lo dejan, comienzas a sentirte como si estuvieras equivocado y te preguntas qué hacer al respecto. En ese punto, te han maniobrado hasta una posición en la que ahora tienen control sobre ti y te convertirás en su marioneta y harás exactamente lo que ellos quieren sólo para escuchar esas palabras entrañables de nuevo.

Elogios excesivos: A veces los cumplidos en exceso son verdaderamente sinceros, pero esta herramienta en manos de un maestro manipulador puede estar encubriendo motivos cuestionables. Esta forma de manipulación es usualmente utilizada por aquellos que están más abajo en el escalafón que otros dentro de la infraestructura. Los niños les hacen esto a sus padres, los empleados a sus jefes, y los estudiantes a los maestros.

Sé cauteloso al usar esta técnica, la mayoría de las personas en posiciones de poder estarán atentos, por lo que tendrás que ejercer un poco de autocontrol y usarlo gradualmente durante un período de tiempo más largo. Si puedes hacer esto de manera efectiva y sutil, entonces tendrás más posibilidades de conseguir que una persona más difícil de ablandar sea mucho más fácil que si vas empuñando un arma por todas partes.

Validar Emociones Negativas: Ayudar a la gente a justificar las emociones negativas es un arma poderosa en manos de un manipulador. Si se sienten deprimidos por un error o algo que sienten que hicieron mal, en lugar de animarte a cambiar, un manipulador validará esos sentimientos para que te quedes en un estado mental negativo. Entonces, cuando te tengan totalmente comprometido con ellos, serán tu redentor y te rescatarán.

Este tipo de manipulador no está interesado en hacerte sentir mejor, sino que quiere que creas que ellos son la solución a todos tus problemas. Quieren que creas que no puedes resolver el problema por ti mismo, así que tratarán de mantenerte atrapado en ese estado emocional negativo para poder rescatarte.

Puede tomar un poco de tiempo desarrollar estas habilidades hasta un grado en el que puedas encenderlas y apagarlas sin mucho esfuerzo, sin embargo, una vez que lo hagas, tendrás todo el encanto y gracia en la que ves a tantos enganchados.

Cómo Convertir a Alguien en Su Propio Enemigo

Nuestros recuerdos son algo complicado. A menudo nos preguntamos si recordamos los eventos con precisión, de manera que puede ser relativamente fácil para un manipulador jugar con esa tendencia natural de poner los propios recuerdos de alguien en su contra. Este método de persuasión se llama "tortura" y se utiliza para conseguir que alguien confíe en ti más que en sí mismo.

Puedes ver la tortura ocurriendo a tu alrededor. Es usado por abogados, compañeros de relaciones, líderes religiosos y otros con el único propósito de hacer creer a la otra persona que sus memorias o recuerdos de eventos son falibles. Cuando puedes convencer a alguien de que está mal la forma en que los recuerdos erosionan su confianza en ellos mismos, podrás implantar en ellos tu propio guion para que lo lleven a cabo.

Adicción: Una cosa es llamar loca a una persona y otra muy distinta es convencerla de que es así. No es probable que te crean sólo porque tú lo has dicho, tendrás que empezar a hacer cosas para convencerlos de tu verdad. Antes de poder hacerlo, tienes que conseguir que confíen en ti.

Esto empieza por activar el cerebro para que libere endorfinas y dopamina. Cuando una persona se emociona, se inicia una reacción química en el cerebro que libera esas hormonas. Estas son las mismas hormonas que se liberan cuando las personas consumen drogas. Al hacer cosas para desencadenar la misma liberación química, puedes hacer que una persona se vuelva adicta a ti. El primer paso para crear un adicto es proporcionarle la suficiente excitación para que se adhiera a ti, para que pueda continuar drogándose con la liberación de químicos en su cerebro.

Trabaja en Tu Propia Memoria: Ahora tienes que trabajar en ti mismo. Es un hecho que todos cometemos errores, pero eso no significa que los recordemos todos. Un manipulador efectivo es muy meticuloso y recordará cada vez que el sujeto cometa un error y cualquier mala interpretación o malentendido que pueda haber desarrollado. Necesitas esto para poder usar esto como evidencia de que sus recuerdos no son legítimos y no se puede confiar en ellos.

Al señalar frecuentemente estos defectos normales, tu sujeto eventualmente comenzará a ver con qué frecuencia está equivocado y comenzará a confiar en tu memoria y en tus soluciones cuando surjan problemas.

Actúa Confundido: Cuando tu sujeto presenta una objeción a tu representación de los hechos, puedes actuar confundido y fingir una falta de comprensión. O puedes desestimar su relato como exagerado, ilógico o completamente falso. Después puedes presentar tu propia respuesta como un simple pero lógico relato de los hechos. Después de hacer esto varias veces, el sujeto comenzará a pedirte ayuda cada vez más a medida que pierda su propia confianza en sus habilidades.

Olvida: Cuando te digan que hicieron esto o aquello, simplemente diles que no lo recuerdas. Usa frases como: "No recuerdo eso", o "No te vi allí". Sé persistente hasta en el más mínimo detalle. Cuanto más insistente seas, es menos probable que se resistan a tu influencia.

También podrías hacer lo contrario y convencer a alguien de que realmente hizo algo que tú sabes que no hizo. Esto los confundirá aún más porque se esforzarán por recordar eventos que nunca ocurrieron. De nuevo, si proyectas confianza y persistencia en tu creencia ellos comenzarán a dudar de su propia memoria y eventualmente se alinearán con tu pensamiento.

Minimiza Sus Preocupaciones: Con el tiempo, la tortura agotará a tus sujetos hasta el punto de la frustración y la depresión. Esto sacará a relucir muchas emociones negativas que pueden ser completamente agotadoras. Una vez que esto suceda, comenzarán a hablar de sus preocupaciones y se dirigirán a ti porque 1) ahora son adictos a ti. 2) no tienen confianza en su propia memoria, y 3) te has posicionado como un aliado de confianza. Cuando acudan a ti con sus preocupaciones, deséchalos diciéndoles que se están "tomando las cosas demasiado en serio", "estás exagerando o te estás volviendo demasiado emocional".

Esto puede resultar ser una de las herramientas de manipulación más efectivas que puedes tener en tu armamento. La mejor y más eficiente manera de usarla es lentamente durante un período de tiempo prolongado. Puede que no seas capaz de dominarlo correctamente la primera vez, pero después de varios intentos, serás capaz de convertir la mente de alguien en su propio enemigo. En ese momento los tendrás en posición de hacer lo que quieras con ellos.

Capítulo Ocho: Reafirmando el Dominio

Es relativamente fácil ver el tipo de personas que se sienten atraídas por nosotros. Tendemos a gravitar hacia aquellos que son similares a nosotros en comportamiento y pensamiento. Hay mucha verdad en el viejo dicho "los pájaros de una pluma se juntan". Nos rodeamos de gente que se va a relacionar con nosotros, nos va a entender y nos va a apoyar. Esto nos ahorra tener que vivir constantemente con una postura defensiva sobre todas nuestras decisiones.

Sin embargo, como manipulador, querrás tener a tu alrededor a alguien que se comporte de cierta manera, para tener que ejercer cierto nivel de control. Tendrás que reafirmar tu dominio desde el principio para que sigan todas tus instrucciones sin cuestionarlas. No sólo quieres ser capaz de dirigir su comportamiento, sino que también quieres que lo acepten. Para esto tienes que desarrollar algunas habilidades muy fuertes.

Lenguaje Corporal que Reafirma el Dominio

Tu cuerpo es tu mayor forma de comunicación. La forma en que te mueves o posicionas hará que los demás reaccionen sin dudarlo. Una de las razones para ejercer el dominio con tu cuerpo es porque es sutil, casi invisible, por lo que es poco probable que la otra persona se dé cuenta de lo que estás haciendo. Reaccionamos al lenguaje corporal instintivamente, sin pensarlo, así que una vez que te respondan, sus pensamientos se alinearán naturalmente.

Uso del Espacio: Cuando las personas son descritas como "más grandes que la vida" no se refiere a su tamaño físico, sino a la cantidad de espacio que están usando. Si quieres ejercer dominio, asegúrate de que estás usando tanto espacio como sea posible. Cuando estés de pie, coloca tus manos en las caderas con los codos apuntando hacia afuera para que ocupe más espacio. Cuando te sientes, estira las piernas lo más posible. Cuando te inclines, camines o estés en cualquier otra posición, asegúrate de que tu cuerpo esté ocupando el mayor espacio posible.

Las mujeres, sin embargo, deben tener cuidado con la postura del cuerpo. En la mayoría de los casos, se les etiquetará como que están asumiendo un papel menos femenino y/o una posición menos respetable con un lenguaje corporal abierto. Entonces ella querrá tomar una postura más cerrada pero aun así ejercer su dominio usando su cuerpo de otras maneras.

También depende del objetivo del manipulador. Si es en un ambiente de negocios, ella necesitaría evaluar a su audiencia. Si está en un grupo con muchos hombres y pocas mujeres, una postura cerrada puede interpretarse como defensiva y querría evitarla a toda costa. Por otro lado, si está en un ambiente más social con un grupo equilibrado a su alrededor, su lenguaje corporal cerrado podría hacerla parecer más abierta a una nueva relación.

Tocar: Ha habido varios estudios que han demostrado que tocar a los demás durante la conversación se muestra como algo más dominante. El acto en sí mismo indica que te sientes cómodo con ellos y no te sientes intimidado o preocupado por invadir el espacio de otra persona. Por supuesto, todo esto es cultural y cada ambiente debe ser tomado en consideración. Así que asegúrate de que entiendes la dinámica cultural de las personas con las que interactúas antes de acercarte a tocar a alguien.

Para las mujeres, tocar a los hombres de cualquier manera podría ser percibido de manera equivocada. Si estás en un ambiente de negocios, evita hasta el más mínimo tacto debajo de la cintura. Es una manera poderosa de estimular la excitación. Una vez más, las mujeres no pueden usar el poder del tacto tanto como los hombres sin enviar las vibraciones equivocadas. Y ella debe evitar tocar a los extraños en absoluto a menos que el tacto sea considerado aceptable en su cultura.

Mantenerte firme: Cuando estás en un espacio pequeño o lleno de gente, es normal dar un poco para permitir que los demás naveguen. Para reafirmar tu dominio, trata de moverte lo menos posible. En entornos sociales, quién se mueve por quién te permite saber exactamente quién es el alfa.

- Si te encuentras con un viejo amigo y se acerca a ti, estás en el lado del poder: intenta no moverte.
- Si estás en un grupo que necesita algo y otros lo recuperan, ellos están del lado del poder: muévete para acomodarlos.
- Si estás en una reunión en tu oficina, tú eres el alfa: no te muevas.

Esta misma regla se puede aplicar en todo tipo de ambientes. Ya sea en entornos empresariales o sociales, estas pautas se basan en la forma en que las personas se mueven naturalmente cuando interactúan entre sí. Todos sabemos instintivamente que debemos movernos por el jefe, pero hay que estar atentos cuando se está en grupos donde no hay un rango asignado a cada persona. Aquí es donde puedes reafirmar tu dominio. Las personas se moverán automáticamente por la persona que actúa más dominante o por la persona más grande.

Contacto Visual: Tus ojos también pueden hacer saber a la gente que eres el superior de la habitación. Cuanto más tiempo sea capaz de mantener el contacto visual es, por lo general, una indicación de tu posición en el ambiente. Esto se debe a que las figuras de mayor autoridad se sienten bastante cómodas manteniendo el contacto visual con las personas que están debajo de ellas. Si quieres reafirmar tu dominio en un entorno o grupo particular, no bajes la mirada.

Si siente la necesidad de romper el contacto visual, asegúrate de hacerlo de la manera correcta. Si tus ojos se mueven hacia arriba, se lee como una señal de desestimación. Si se mueven hacia un lado se considera neutral y los dos están en igualdad de condiciones. Sin embargo, si se dirigen hacia abajo siempre se considera como sumiso, así que nunca bajes la mirada.

Sin embargo, si eres una mujer y buscas seducir, entonces mirar hacia abajo y luego hacia arriba de nuevo es una clara señal de que lo quieres. Así que, si ese es tu objetivo, entonces, por supuesto, ve por ello.

Comodidad: Cuanto más cómodo parezcas, más confianza proyectas. El nerviosismo envía un mensaje de miedo y ansiedad. Trate de adoptar un estilo más tranquilo y lento para irradiar más confianza.

Es cierto que las personas que se mueven rápido y parecen exudar energía pueden enviar un mensaje de miedo, la persona que se mueve lentamente no refleja ningún tipo de ansiedad y parece estar mucho más enraizada y bajo control. El mensaje que envían es que los demás pueden sentirse seguros y relajados a su alrededor.

También existe el concepto de "fijar", en el que se utiliza la posición más cómoda que se pueda en el ambiente. Esto puede significar apoyarse en una barra o barandilla, sentarse en un taburete o apoyarse en un escritorio o en una pared.

Lenguaje Corporal Abierto: Reafirmar tu dominio a través de un lenguaje corporal abierto le dice a los demás que eres poderoso. Cuando tu cuerpo está cerrado (hombros encorvados, brazos cruzados y piernas juntas) refleja una imagen de miedo, ansiedad o de poca accesibilidad. Sin embargo, cuando muestras un cuerpo más abierto (brazos hacia afuera, piernas separadas, hombros hacia atrás) parecemos dominantes pero accesibles. Hacemos saber a las personas que tenemos confianza y control.

Lenguaje Corporal Relajado: También, un cuerpo que está relajado envía un mensaje de autoridad. Cuando muestras signos de comodidad pareces más relajado. Evita enviar señales de desplazamiento como rascarse, tocarse la cara o la nuca, retorcerse las manos o desabrocharse el cuello de la camisa. Todas estas señales muestran signos de nerviosismo y ansiedad.

Mantener una Buena Postura: La buena postura no sólo es buena para tu salud, sino que también es buena para tu imagen. Tu nivel de confianza se refleja fácilmente en la forma en que sostienes tu cuerpo. Cuando te paras erguido ejerces una posición dominante y confiada, pero si te paras con los hombros redondeados, con la cabeza inclinada hacia adelante (casi como en una reverencia permanente) estás tomando una posición sumisa.

Si has tenido este hábito en el pasado, tienes que empezar a mejorar esta postura lo antes posible. Sin embargo, debes ser cauteloso y evitar corregir demasiado. Extender la columna vertebral demasiado hacia atrás puede darte una postura de balanceo. Si sacas demasiado el pecho, eso te dará un aspecto divertido. Intenta hacer el ajuste en el espejo hasta que encuentres el equilibrio adecuado.

Haz la Caminata del Poder: Hay un poco de desacuerdo sobre si una caminata de poder es rápida o lenta. Una caminata lenta exuda más confianza siempre y cuando represente tu estilo natural de caminar. Sin embargo, si te mueves lentamente en un ambiente de trabajo ocupado puede enviar el mensaje de que eres perezoso o no estás motivado. De la misma manera, una caminata rápida también puede exudar confianza si se hace correctamente. Aun así, puede ser malinterpretada como nerviosa o ansiosa, dependiendo de tu entorno.

En consecuencia, aunque la velocidad de tu caminata puede enviar un mensaje fuerte, es mejor enfocarse en cómo caminas. Asegúrate de que tus hombros se muevan contigo al caminar. Un balanceo de hombros hace que se vean más amplios ocupando más espacio. Usa tus brazos con un movimiento suave hacia adelante y atrás manteniéndolos ligeramente alejados de tu cuerpo. Cuando los brazos están demasiado cerca es una señal de miedo.

Mantén las piernas ligeramente separadas permitiendo suficiente espacio para que el aire circule y evita que los muslos se rocen entre sí.

Siempre párate erguido con los pies apuntando ligeramente hacia afuera. No querrás hacerlo demasiado porque le dará un aire de desprecio a los que le rodean.

Mantén la mirada fija al frente y enfocada para que te dé la apariencia de que tu caminata tiene un propósito.

La Inclinación Hacia Arriba: Acostúmbrate a asentir con la barbilla hacia arriba en lugar de hacia abajo. Esto te da una apariencia más áspera pero sólo úsala cuando sea necesario porque en algunas multitudes puede parecer conflictivo, lo que podría causar más problemas.

Cómo Hablar Como un Líder

Tu posición física le dice a los demás que estás seguro y listo para enfrentar cualquier cosa que se te presente. A menudo las personas cederán ante ti cuando muestres estos lenguajes corporales físicos, incluso si no entienden por qué. Pero una vez que se acercan a ti, es importante que tu conversación coincida con el mensaje que tu cuerpo está enviando. La forma en que te expreses solidificará aún más tu dominio en cualquier dinámica social.

Dirija la conversación: Cuando hables, debes pensar en algo más que en las palabras que eliges para expresar tu punto de vista. Hay varias variables que son importantes para regular tu conversación. Al reafirmar tu dominio, debes tener cuidado con el tono, el ritmo, el tema y quién habla más tiempo.

Esto es aún más importante cuando estás hablando uno a uno con alguien. En una dinámica de grupo, siempre habrá una variedad de personajes con las que interactuar, sin embargo, cuando es una conversación más privada en la que sólo hay dos participantes, la forma en que respondas a las preguntas y lo que hagas pesará mucho sobre quién tendrá más dominio.

- **Ritmo:** Para ejercer el dominio es necesario controlar la velocidad de la conversación. Quieres hablar lo suficientemente rápido para no perder tiempo, pero lo suficientemente lento para que tu mensaje sea entendido claramente. Esto significa no sólo manejar y regular lo que dices, sino que tu voz también fijará el ritmo para la otra persona. En un ambiente grupal, es tu responsabilidad asegurarte de que todos se comprometan con el mismo tema y vayan al mismo ritmo. También tienes que asegurarte de incluirlos a todos en el grupo. Si notas que alguien se hace cargo de la conversación, intervén y corta la conversación con confianza.

En otras palabras, te designas a sí mismo como el director de la conversación. Toma el control e interrumpe con gracia cuando las cosas empiecen a ir mal. Puedes intervenir de varias maneras.

Cuando una persona es interrumpida por otra: "Espera un segundo". Luego dirígete a la persona que fue interrumpida, "por favor, continúa y termina lo que querías decir". O "Escuchemos lo que Janet tiene que decir".

Cuando una persona habla demasiado rápido: "Más despacio, estás hablando muy rápido".

Al tomar la iniciativa de dirigir la conversación, te colocas en una posición dominante poderosa y pronto todos en el grupo estarán buscando tu dirección incluso después de que la conversación haya concluido y se hayan ido por caminos separados.

- **Establecer el Marco:** Por la misma razón, dirigir la conversación también significa decidir qué es lo correcto para discutir. Tú decides lo que es justo, lo que es aceptable y lo que se considera una conversación normal y apropiada. Cuanto más poder exudas en esta etapa, más personas te respetarán y querrán seguirte.

- **Hacer las Preguntas Correctas:** La forma en que haces las preguntas también juega un papel importante en la reafirmación del dominio. Cuando participes en una conversación, siempre haz muchas preguntas. En cualquier dinámica de conversación, la persona que pregunta suele dominar la conversación y la persona que responde es el subordinado.

- **No Tener Miedo a Las Correcciones de Otros:** Cuando corriges a alguien, estás haciendo que tu poder se mueva. En esencia, estás afirmando tu derecho a dictar las reglas del juego. Cuantas más correcciones ofrezcas, más alta será tu posición de autoridad a los ojos de ellos. Sólo los subordinados evitan corregir a los demás o temen que se les vea como si estuvieran en contra de la autoridad.

También es una demostración de tu intelecto superior, que es clave en cualquier dinámica de citas. La forma en que ofreces una corrección también puede hacer la diferencia. Por ejemplo, si lo haces de una manera que avergüence a la otra persona, puede que te vean como una autoridad pero perderán el respeto por ti. Por otro lado, si lo ofreces con sinceridad y con el sentimiento de que realmente quieres ayudar, te ganarás el respeto que quieres.

Contradicciones: Las mismas reglas se aplican cuando contradices a otra persona. Cuando vas a decir algo que es exactamente lo contrario de lo que la otra persona cree, estás tirando tu guante de dominio. Es un movimiento extremadamente poderoso que si no se hace correctamente podría romper toda la relación.

Aunque que esto puede ser aceptable en algunos ambientes, aquellos que tienen un alto nivel de inteligencia emocional social entienden lo riesgoso que es este movimiento. En cambio, pueden reconocer el punto de vista de la otra persona y luego redirigir la conversación sutilmente trayendo la respuesta correcta sin señalar su error. Esto le permite a la otra persona guardar las apariencias y obtener mucho más honor y respeto que hacer una contradicción directa.

- **La Conclusión:** Al final de la conversación un líder hará un rápido resumen de lo que se ha discutido. Si tú no eres el líder pero estás tratando de reafirmar tu dominio, este sería el momento perfecto para dar un paso adelante y ofrecerte como voluntario para este papel. La gente comenzará a verte como alguien que puede dar un paso adelante y ser un buen líder.

Asertividad: Es importante que hables de forma asertiva. Esto significa que no querrás renunciar o renunciar a tu derecho a la palabra, sino que debes asegurarte de que todos no sólo te escuchen, sino que también lo entiendan. Hay varios pasos para aceptar este rol.

- **Asegúrate de que Todos Entiendan:** Como líder, tu responsabilidad no es sólo difundir información, sino asegurarte de que todos tus subordinados tengan claro qué es lo que se espera. Puedes verificar esto haciendo preguntas como: "¿Estamos claros?" "¿Entienden?" o "¿Lo entendieron?" En algunas situaciones, podrías pedirles que repitan tus instrucciones para que sepas que ellos captan tus expectativas por completo.

- **Siempre Espera una Respuesta:** En algunas situaciones, las personas se negarán a responder a una pregunta o preocupación que hayas planteado. Pueden cambiar de tema o pueden fingir que ni siquiera escucharon la pregunta. En algunos casos, incluso pueden descartarla por no ser importante para la conversación. Nunca aceptes esto. Si encuentras a alguien que se muestre reacio o se niegue a responder a tu pregunta, repite la pregunta con un tono más fuerte que le haga saber que esperas una respuesta o vuelve a llevar la conversación al punto de partida. De cualquier manera, nunca aceptes una falta de respuesta a una pregunta directa.

- **Repite Cuando Sea Necesario:** si estás hablando en un grupo que a veces puede ser muy ruidoso, la tentación es levantar la voz para asegurarte de que te escuchen. Aunque esto puede funcionar, corres el riesgo de ser visto como demasiado agresivo en lugar de firme. Sin embargo, si simplemente haces una pausa cuando el nivel de ruido es demasiado alto y luego repites tu mensaje cuando el nivel de ruido vuelve a bajar, ganarás más respeto.

También puedes recordarles tu posición de autoridad oficial y hacerles saber que no hay otra fuente para obtener la información que deseas compartir con ellos. Asegúrate de que tienes un tono firme y que la inflexión refleja el tipo de posición que afirmas tener.

- **Evita Ser Verbalmente Agresivo:** La agresión verbal ocurre desenfrenadamente por todo el frente político y de negocios. Sin embargo, esto no significa que tú tengas que tomar ese camino. Hay una diferencia entre reafirmar tu dominio y el uso de la agresión verbal. Una persona que es verbalmente agresiva hablará sobre las personas y a veces les robará literalmente su derecho a hablar. Interrumpirá a las personas o las obligará a estar a la defensiva en sus comentarios. Estas son tácticas fuertes donde estás literalmente maltratando a la otra persona y forzándola a la sumisión. Aunque esto te ayudará a ser visto como una autoridad, estás inculcando miedo e intimidación para obtener lo que quieres, a menudo incluso avergonzándolos para que acepten tu posición.

Si eres atacado de esta manera, no entres en el modo defensivo. En vez de eso, lanza tu propio contraataque replanteando el tema en cuestión o refutando sus declaraciones con tu propia evidencia. En cuanto te pongas a la defensiva, les cederás automáticamente tu poder. En vez de eso, detén su ataque al principio de la conversación. Iguala su propia maldad rechazando con igual agresión o negando cualquier acusación que puedan haber hecho.

Lanza tu propio contraataque, señalando su hipocresía o cualquier error en su argumento. Recuerde, el poder que ganan de este encuentro es tan fuerte como sus acusaciones en tu contra. Tu objetivo no es defender tu argumento sino robarles su poder. No adoptes una posición sobre ninguna posición que sea difícil de defender o demostrar. Trabaja en mostrar un lado que tu oponente no quiere ver y oblígalo a volver a decir la verdad lo antes posible. Ganar un debate acalorado como ese te dará muchos puntos que tendrás que trabajar aún más duro para conseguir.

- **Ignorar a las personas:** Ignorando a las personas muestras mucho dominio. Esta es una habilidad importante que es de alta calidad y que puede resultar muy valiosa. Puedes demostrar tu dominio ignorando los errores de las personas o cuando hacen algo que no apruebas. En lugar de señalar descaradamente sus errores, ignorarlos es una forma silenciosa de mostrar desaprobación.

- **Decir mucho con pocas palabras:** Las personas más poderosas del mundo no siempre están llenas de mucha retórica. No les importa que la gente los note, así que no les preocupa el escrutinio social. Cuando hablan, suelen expresarse lentamente y no dudan en hacer una pausa para dejar que el silencio los haga comprender su punto de vista.

Cuando le respondes a otra persona, la regla general es esperar dos segundos antes de hablar. No tengas miedo del silencio, éste añade presión a la otra persona y ésta se ve obligada a llenar el vacío.

- **Usa Palabras de Poder:** Debes hacer buen uso de las palabras de poder en tu discurso.

    o **Escucha**

- No lo entiendo
- Puedes repetir eso
- Sí, es correcto
- No. No está bien en absoluto
- ¡Está mal!
- Estás equivocado
- ¿Y estás de acuerdo con eso?
- Antes de que continuemos, necesito que respondas mi pregunta.
- No quiero hablar sobre eso ahora.
- Dime algo más interesante.
- ¡Tranquilo! ¡Silencio!
- Los números hablan por sí solos.

Ya sea que hables con una sola persona o en una multitud, la reafirmación del dominio se trata de proyectar la actitud correcta. Es una línea muy tenue que existe entre ser agresivo y ser firme, pero si puedes dominar estos elementos al reafirmar tu dominio, no sólo tendrás mucha gente siguiéndote, sino que también te habrás ganado su respeto.

Comportamiento Dominante para Mostrar Quién Manda

Mostrar dominio a través del comportamiento puede ser muy similar a usar el lenguaje corporal. De hecho, algunos de los métodos aquí utilizados se superponen a los de la forma en que te presentas físicamente. Pasa algún tiempo observando a las personas que tienen poder y comenzarás a ver cómo es realmente el dominio social.

Toma la Delantera: Claramente, tomar la delantera en cualquier situación puede ayudarte a reafirmar tu dominio social. Analiza la impresión que dejas en los demás cuando estás:

- Caminando. Si vas con un grupo, notarás que las personas más sumisas comenzarán a buscar a alguien que tome el liderazgo. Como líder, no esperas, sólo empiezas a caminar. Inténtalo y ve cuántas personas comenzarán a seguirte.

Si eres nuevo en un grupo, no te adelantes. Espera y ve si ya tienen un líder establecido y si nadie da un paso adelante, entonces puedes reafirmar tu posición.

- Busca maneras de proteger a los que están a su alrededor. Este es un clásico papel dominante que emana poder y merece respeto. Proteger y cuidar a los demás podría ser un simple gesto como ofrecer una mano a alguien cuando está tratando de levantarse de su asiento para defender su decisión sobre un proyecto de negocios. Esta estrategia no tiene ningún inconveniente. Un líder fuerte que ejerce el cuidado de los que están a su cargo es una forma saludable de iniciar cualquier tipo de relación.

- Espera que las personas te sigan. Si las personas no están seguras de que eres el líder, les será difícil seguirte, pero hay unos simples gestos pueden ayudarlos. Por ejemplo, estrechar la mano de alguien y colocar la otro sobre su espalda ayuda a dirigirlos para que se muevan en la dirección que quieres que vayan.

- Conviértete en un buen guía: Toma la iniciativa e invita a otros a que se unan a ti cuando sea posible. No sólo es una manera poderosa de reafirmar el dominio, sino que la gente te verá automáticamente como un líder.

- Toma la delantera en las cosas pequeñas. Si todo el grupo se sienta, no te sientes por lo menos diez segundos antes de acompañarlos. Si te invitan a entrar, demora la entrada. Puede decirles que se tomen un segundo para disfrutar de la vista o para contestar una llamada telefónica. Si estás en una posición que te dicta que debes seguir, hazlo de manera indiferente y evita hacer cualquier contacto visual con ellos.

- Asigna tareas: Siempre que sea posible, asigna tareas a otros. Delegar es un signo de autoridad. Notarás que algunas personas asignan tareas, aunque no tengan ninguna autoridad formal. Si te asignan una tarea, cuestiona el comando. Esto hará que la persona que lo asignó tenga que defender su posición. Cuanto más desafíes a los que tienen autoridad, más poder tendrás para ti. Sin embargo, habrá ocasiones en las que alguien tenga la autoridad para darte una tarea. Si este es el caso, acepta la asignación con gracia, pero continúa desafiando las tareas dadas por aquellos que no están en una posición de autoridad para hacerlo.

Ejercer Presión Social: Crear tensión dentro de un ambiente social presiona a otros a que cumplan. A veces se puede crear tensión incluso sin una razón para ello, sólo para reafirmar tu dominio. Usa la intimidación con un lenguaje corporal frontal completo o tonos fuertes y agresivos en tu voz para lograr que los individuos menos importantes se acobarden y se sometan.

Usar Menos Palabras: Hablar demasiado puede ser una señal de que estás nervioso o que tienes falta de confianza. En lugar de expresar cada pensamiento en tu mente, deja que tus expresiones faciales y tu lenguaje corporal se comuniquen por ti.

Tocar: También puedes mostrar dominio a través del tacto. De hecho, sólo el acto de tocar puede ponerte en una posición más dominante. Los estudios han demostrado a menudo que aquellos que tocan a otros son automáticamente vistos como más dominantes. Sin embargo, existe el tipo correcto de caricias y el tipo incorrecto.

- **El Tacto Parental:** Los tactos parentales no necesariamente significan que son exclusivos de los padres con sus hijos. Un jefe puede usar un tacto parental y automáticamente empujar sus cargos a un papel más sumiso.
    o Darles una palmada en la cabeza
    o Pellizcando su mejilla
    o Tocando su rostro

Todos estos tactos indican quién es el padre y quién es el hijo. También indican que están listos para cuidar de su sujeto y que están listos para estar a cargo.

Sigue el Patrón: Hay un patrón distinto de eventos que puede llevarte de ser el sumiso hasta el rol más dominante en cualquier tipo de relación. Puedes comenzar en el peldaño más bajo de la escalera, y luego pasar a la afirmación, que gradualmente te llevará a un papel dominante. El papel más efectivo que puedes tomar es seguir el curso natural de estos patrones. Los mejores para tomar un papel firme son aquellos que son muy buenos manejando a los agresivos.

Parte de ese viaje, sin embargo, es aprender cuándo mostrar agresión, castigar o intimidar. Las personas que recurren a estos hábitos oscuros cuando no son necesarios suelen ganarse el título de líder, pero no el respeto que se les debe. Pero hay un lugar para ellos en una serie de interacciones. Estas son algunas pautas que tienes que seguir.

- Bofetadas: No tiene que ser un tipo de bofetada dura que deje las mejillas de la víctima ardiendo. De hecho, una bofetada ligera pero amenazante puede ser incluso más intimidante que la fuerza bruta directa.
- Confiscar bienes: Quitar o tomar la propiedad de otra persona es una forma muy intimidante de reafirmar el dominio. En esencia, les estás diciendo que no sólo su propiedad te pertenece a ti, sino que ellos también lo hacen. Para combatir este enfoque, puedes rehusarte a dejar que te quiten tu propiedad o puedes tomar la de ellos poniéndolos a ambos en igualdad de condiciones.
- Territorial: Todos se sienten territoriales por algo, pero la gente sumisa no defiende lo que sabe que es suyo. Para reafirmar tu dominio, defenderás la propiedad que es tuya con un fuerte sentido de confianza.

Llamar la Atención: Ejercer un sentido de confianza tranquilo siempre llama la atención. No hay necesidad de ser llamativo o atrevido para que la gente te siga. Si bien es cierto que puedes tomar esa ruta, el simple hecho de seguir el curso natural de la naturaleza hará que la gente vaya hacia ti con facilidad. Considera la posibilidad de ser útil a los que te rodean. Al ofrecerte a solucionar problemas, atender necesidades y proteger a los que quieres que te sigan, te convertirás en un líder natural sin demasiado esfuerzo.

Reafirmar tu dominio puede no ser fácil al principio, especialmente si estás acostumbrado a estar en una posición más sumisa. Pero, si continúas practicando estas técnicas sencillas, te sorprenderá lo rápido que puedes ascender en tu rol de convertirte en un maestro de la manipulación.

Conclusión

Convertirse en un maestro de la manipulación no es tan difícil como parece. Requiere práctica y compromiso y no lo dominarás de la noche a la mañana. Nada que hagas bien en la vida es fácil, pero si te aferras a ello hasta el final, obtendrás resultados positivos inevitablemente.

Sin duda, has escuchado muchas cosas sobre la manipulación. Es malvada, peligrosa y degradante, pero hay buenas y malas maneras de mirarlo. Vivimos en un mundo de manipuladores sin importar dónde se mire. La realidad dicta que si no estás manipulando entonces hay una muy buena posibilidad de que estés siendo manipulado, así que vas a estar en un lado de la moneda estés de acuerdo con ello o no.

La pregunta que realmente deberías hacerte es qué tipo de manipulador vas a ser. Los padres manipulan a sus hijos mientras los moldean para que se conviertan en adultos maduros. Los maestros manipulan a sus estudiantes para prepararlos para el futuro, y los empleadores manipulan sus cargos para aumentar la productividad. Todos nosotros hemos sido manipulados de una manera u otra y todos hemos usado nuestra magia con otros. Si tu brújula moral es provocada por este pensamiento, entonces date cuenta de que es una cuestión de elección.

Convertirse en un maestro de la manipulación implica entender cómo trabajan en conjunto nuestros pensamientos y emociones. A medida que tu inteligencia emocional crezca, también lo hará el entendimiento en estas áreas. Hemos discutido como construir nuestra inteligencia emocional y aprender cómo usarla para identificar nuestras propias emociones y las de otros. Esto puede convertirse en una herramienta poderosa en nuestro armamento. Cada maestro de la manipulación necesita una buena inteligencia emocional. Sin ella, siempre lucharemos para que la gente nos reconozca y nos dé lo que queremos.

También aprendiste a elegir tu objetivo y las cualidades que atraen a la gente hacia ti. No todo el mundo es un objetivo principal para la manipulación y algunos pueden ser mucho más difíciles de convencer que otros. Especialmente al principio, quieres usar los ganchos enumerados en el capítulo tres para elegir a los que serán más fáciles de convencer. A medida que vayas adquiriendo más experiencia, podrás probar tus habilidades en aquellos objetivos más difíciles y desafiantes.

En el capítulo cuatro hablamos mucho sobre el lenguaje corporal. Aprender a leer señales sutiles puede decir mucho sobre una persona y lo que está pensando. Desarrollar esta habilidad casi puede darte el poder de leer la mente. Aprender sobre las micro expresiones y la forma en que la gente camina te dirá mucho sobre lo que puedes esperar y lo que puedes pedir a todos a tu alrededor.

Luego aprendimos a usar varias herramientas de manipulación para ayudarte a conseguir lo que quieres. Empezamos simplemente con algunas tácticas básicas que todas las personas usan y que pueden ser fácilmente reconocidas. Aplicar las Seis Leyes de Persuasión puede ser muy efectivo si estás bien informado sobre lo que realmente son. La manipulación es un juego psicológico y es clave saber dónde posicionarse para reafirmar el dominio sobre los demás. Estas herramientas son la forma de participar en este juego.

Así que, ya sea que estés buscando manipular secretamente a tu jefe para que haga lo que tú quieres o estés tratando de seducir a alguien para tener una relación, las reglas del juego son las mismas, sólo que estás usando diferentes herramientas para lograr tus metas. El éxito sólo puede venir de reafirmar tu dominio y mantener el rumbo.

A lo largo de las páginas de este libro, has aprendido mucho sobre la manipulación. Sin duda, tendrás que leer algunas secciones varias veces para tener una idea completa de ellas. Pero a medida que lo hagas, asegúrate de ponerlas en práctica lo antes posible. Esto te ayudará a progresar más rápidamente. Habrá momentos en los que fracasarás miserablemente en tus intentos de persuadir a otros para que hagan lo que quieres, pero no te desanimes; eso es sólo parte del proceso. Si persistes, es cuestión de tiempo antes de que puedas decir honestamente que eres verdaderamente un maestro de la manipulación.

El poder de la autodisciplina y la mentalidad sin excusas ejercicios

Prácticos para fortalecer su fuerza de voluntad y superar la procrastinación mediante la creación de hábitos atómicos

Tabla de Contenidos

Introducción 163

CAPÍTULO 1 - Deshacerse de los malos hábitos ahora 168

   Seis maneras seguras de dejar los malos hábitos 168

   Tres pasos esenciales para derrotar la pereza 174

   Cómo dejar de postergar ahora 177

   Las 5 reglas de la autodisciplina 179

CAPÍTULO 2 - Desarrollar una mentalidad de autodisciplina 182

   Tres hábitos que construyen la autodisciplina 182

   Cuatro prácticas esenciales para encender una fuerza de voluntad fuerte 185

   Tres técnicas para fortalecer tu autocontrol 190

   Cinco trucos psicológicos para impulsar la autodisciplina 194

CAPÍTULO 3 - Los secretos para establecer metas 199

   Cómo crear objetivos SMART para un mejor rendimiento 200

   Cómo definir metas DURAS para mejor rendimiento 204

   Los secretos para convertir tus metas en pasos alcanzables 208

   Cómo recompensarte por el progreso 212

   Cuatro maneras de crear un entorno favorable para los objetivos 215

Capítulo 4: Técnicas para aumentar los resultados 219

   Transforma tu vida con el método de hacer las cosas (GTD) 219

Lograr más con la técnica pomodoro 223

Cuatros hábitos productivos del método "de Zen ha hecho" 228

La técnica de consistencia de no romper la cadena" 231

Cuatro claves respaldadas por la ciencia para aumentar la productividad 234

Capítulo 5 - Planificación para el éxito diario 238

Seis rutinas matutinas para comenzar el día de la mejor manera 238

Cuatro rutinas nocturnas para terminar el día a la perfección . 243

Consume estos 3 alimentos para tener un cerebro productivo .. 248

Quince afirmaciones diarias para aprender la autodisciplina cerebral 252

Conclusión 256

Introducción

¿Has retrasado tu "gran" proyecto solo para engañarte a ti mismo de que lo harás cuando estés listo, pero ese momento nunca llega? ¿Has caído en un bucle de pereza y no tienes ganas de hacer nada? ¿Empezaste a trabajar en el proyecto de tus sueños, solo para renunciar 2 o 3 días después? ¿Y qué si trataste de aprender un nuevo idioma como el español, pero lo dejaste después de las dos primeras lecciones porque la gramática es agotadora? ¿Alguna vez has soñado con aprender a tocar la guitarra, pero una vez que te sentaste durante las clases, te diste cuenta de que los acordes eran demasiado difíciles y abandonaste? ¡Todos hemos pasado por eso!

El secreto para apegarse a las tareas que no tenemos ganas de hacer es la autodisciplina. Todo el mundo te dirá que desarrolles la autodisciplina; pero ¿cómo desarrollas realmente la autodisciplina a un nivel atómico que te permita superar cada tentación que se presenta en tu vida diaria? ¿El tipo de autodisciplina que te permite crear proyectos de un millón de dólares, cumplir con tus tareas diarias y hacer el s%*t? El secreto de la autodisciplina atómica se te revela en este libro. Te espera un viaje.

Este libro te enseñará cómo manejar la parte más difícil de la naturaleza humana: los impulsos biológicos. Los impulsos biológicos trabajan en tu contra. Todos los humanos se engañan a sí mismos intentando creer que manejan sus pensamientos. Sin embargo, ¿has considerado que tus pensamientos no sean realmente tuyos? Presta atención a lo que haces en vez de a lo que piensas. ¿Alguna vez has pensado que deberías ponerte en forma y comer brócoli en vez de pizza, pero te encontraste ordenando pizza a medianoche? Esto no es culpa tuya, sino de tu programación biológica. Tu biología está programada para responder al placer inmediato: comida, sexo, sueño, entretenimiento. Los impulsos biológicos son poderosos, y no pueden superarse fácilmente. Los impulsos biológicos dirigen la naturaleza; si la observamos en su forma más pura, veremos que todos los animales intentan, esencialmente, gastar energía o reproducirse. Los mismos impulsos biológicos que nos empujan y engrandecen la vida también pueden destruirnos. Esta es la razón por la cual la autodisciplina es la clave para superar nuestra programación biológica.

Las 5 grandes revelaciones de la autodisciplina

Apocalipsis #1: tú eres tú peor enemigo. No hay fuerzas externas que te controlen, y nadie se interpuso en tu camino. Tú mismo creaste todos los obstáculos. Acepta que todo lo que postergas, la falta de foco, los proyectos fallidos y fechas límites no cumplidas son el resultado de tu propia falta de autodisciplina.

El primer paso para desarrollar la autodisciplina es aceptar que estás en una lucha contigo mismo. La autodisciplina es el arte de superar los propios impulsos biológicos. Una vez que una persona atraviesa su obstáculo principal, es decir sus impulsos biológicos, puede vencer toda demora, falta de concentración y pereza.

Revelación #2: la evolución humana trabaja en tu contra. Millones de años de evolución han conectado nuestros cuerpos y cerebros para que actúen de manera animal, por lo que tu naturaleza no funciona a tu mayor interés. Esencialmente, estamos preparados para obtener el mayor valor a cambio de la menor cantidad de esfuerzo. Para revertir nuestra programación biológica, tenemos que entrenar nuestro cerebro: tenemos que maximizar la producción y minimizar el valor que buscamos a cambio.

Una vez que el cerebro de una persona es reprogramado para esforzarse por resultados en lugar de buscar la siguiente cosa que consumir, su productividad aumenta y esto nos ayuda a alcanzar todas nuestras metas. El cuerpo humano no es solo un reflejo de que dos padres tienen un hijo, sino también una continuación de millones de años de evolución que hay que luchar para deshacer. El cerebro es como un caballo: si lo dejas conducir solo, te llevará al borde de un acantilado. Si lo diriges bien, te llevará a tu destino. Es por eso por lo que la autodisciplina es la clave para superar nuestra evolución, y aprender a utilizarla para nuestro propio beneficio.

Apocalipsis #3: nunca es fácil. La autodisciplina es una lucha diaria. Incluso después de años de entrenarte a sí mismo y reconfigurar tu cerebro, lucharás con la disciplina diariamente. Esto se debe a que no te puedes deshacer de millones de años de evolución. Tu cuerpo fue programado para operar de cierta manera; solo puedes aceptar que estarás aquí por un largo tiempo. Invertir la evolución es más fácil de decir que de hacer, y es una lucha diaria. Incluso después de años de autodisciplina y ejercicio, las personas seguirán teniendo una lucha diaria consigo mismas; pero la principal diferencia es que la lucha se hace mucho más fácil.

Consejo profesional: los resultados se producen en pequeñas cantidades diarias. Las películas nos han influenciado para esperar el gran momento de motivación y, de repente, volvernos superhombres. Pero en realidad las tareas se realizan con enfoque e ímpetu. Una vez que una persona reprograma su cerebro para realizar las tareas diarias, el trabajo se vuelve una brisa.

Revelación #4: la autodisciplina crea impulso. La gente pasa por bucles de alta motivación y/o alto tiempo de inactividad o resistencia al trabajo. Ambas cosas crean impulso. Si una persona está tratando de perder peso haciendo *footing*, los primeros días pueden ser difíciles, pero una vez que han pasado los primeros 2 o 3 días, acumulan impulso y se vuelve mucho más fácil.

Lo mismo se aplica al trabajo: una vez que una persona "entra en calor" en el trabajo después de tener un día muy productivo, puede repetir ese comportamiento el día siguiente. Para tener éxito, tienes que cabalgar sobre las olas del impulso; y una vez que empieces, tienes que crear el momento. Cada acción crea un impulso: si eres perezoso, obtendrás impulsos de pereza y no harás nada. Por el contrario, si eres productivo, creas impulsos de más productividad. Esto se refleja en una escala mucho mayor. Por ejemplo, los países que se enriquecen tienden a enriquecerse más, mientras que los países en desarrollo tienden a permanecer en un círculo de pobreza.

Revelación #5: tu cerebro puede ser reprogramado para la autodisciplina. Cada acción "programa" tu cerebro para que la acepte como un nuevo hábito, y esto se aplica tanto a los malos como a los buenos hábitos. Si una persona comienza a fumar, su sistema inmunológico rechazará la nicotina, pero solo temporalmente; después de un tiempo, el cerebro se programará para aceptarlo y empezará a ansiar la sustancia, lo que crea una adicción, porque el cerebro se programó como el de un fumador, incluso si nunca había fumado un cigarrillo en su vida.

El cerebro también puede ser reprogramado a para adquirir buenos hábitos. Una vez que el cerebro se ve obligado a aceptar un nuevo hábito, encuentra un millón de maneras de hacerlo. ¿Alguna vez tu jefe te ha amenazado con despedirte si no completabas una tarea a tiempo? Bajo presión, el cerebro puede encontrar un millón de maneras de completar una tarea. Una vez que se ve forzado a hacer algo, comienza a reprogramarse, y te permite hacer las tareas que deseas. El cerebro puede ser reprogramado para realizar los proyectos a tiempo, concentrarse en tareas difíciles, evitar la tentación y rendir al máximo. Esto es lo que te enseñará este libro.

¿Cómo consigo motivación para empezar ahora mismo?

¿Todavía estás postergando tu proyecto de vida? ¿Sientes que no estás listo y quieres empezarlo en un año o en cinco? Empezar ahora es la clave para lograrlo, como dice el comercial de Nike, " *Just do it* (solo hazlo)" .

Clave para la vida: la clave para superar toda retraso es un simple cambio de mentalidad. Recuerda la frase: "*estás ahí cuando lo haces*". No hay un momento mágico futuro en el que estés "listo" para empezar un negocio, tener hijos, dejar de postergar, comprar una casa o Bitcoin, o cumplir con las tareas difíciles. Sin embargo, una vez que haces estas cosas simples, ¡ inmediatamente entras en la línea de meta! Cuando vendes tu primer producto, estás en el negocio. Cuando sales a correr, tienes éxito en la preparación física.

La premisa es que no tienes que mentirte a ti mismo estableciendo un punto de partida arbitrario en el futuro, cuando puedes cambiar la fecha a ahora mismo. Lo único que te detiene es tu propio permiso. Date permiso para empezar ahora, y ya estarás en la línea de meta. Alcanzar tus metas es tan simple como darse cuenta de que lo logras una vez que tomas acción, ¡no cuando llega el momento! ¿Tomarás acción o vas a seguir esperando?

CAPÍTULO 1 - Deshacerse de los malos hábitos ahora

¿Está luchando con el tabaco, tirándote del pelo, comiendo mal o durmiendo demasiado? Si tus problemas son simples y se reducen a un solo mal hábito, puedes resolverlo desarraigándolo.

Los hábitos son acciones que hacemos repetidamente. Una vez que una persona repite una determinada acción varias veces, se convierte en un hábito. Cuando se repite un hábito por períodos más largos, como meses o años, se convierte en parte de la identidad. Muchas veces, la gente no puede recordar cómo era su vida antes de incorporar esos malos hábitos a su propia identidad.

Los hábitos pueden ser buenos o malos. Un buen hábito es levantarse temprano por la mañana, o trabajar duro, comer moderadamente, meditar. Un mal hábito es despertarse tarde, consumir sustancias que no necesitas, hacerse daño a sí mismo o participar en actividades que te quitan calidad de vida.

Para ser eficaces en la eliminación de los malos hábitos, tenemos que tirar de ellos como si fueran malas hierbas, agarrando la raíz y removiéndola de la tierra. No queremos tirar de la parte superior, dándole la oportunidad de volver a crecer. Todos los hábitos pueden ser completamente erradicados cambiando tu identidad y recompensándote con cada hito. Este capítulo se centra en el cambio de identidad que una persona tiene que hacer para dejar los malos hábitos atrás.

Seis maneras seguras de dejar los malos hábitos

1) Crear una nueva identidad

Fuerza mental

Para erradicar un mal hábito, tienes que hacer una cosa importante: crear una nueva identidad para ti mismo. Si no creas una nueva identidad y te aferras a la que tienes ahora, estarás propenso a recaer y repetir los mismos errores. Los fumadores que quieren dejar de fumar casi nunca crean una identidad de no fumador; solo se imaginan a sí mismos como fumadores que "dejaron" de fumar. Han fumado durante años, y asocian cada momento de la vida con el tabaquismo: pausas para tomar café, pausas de trabajo, reuniones de amigos, fiestas, viajes, etc.

Sin embargo, tienen que aprovechar la parte de su cerebro que recuerda cómo solía ser como un no fumador; necesitan volver a cuando eran más jóvenes, ya que la mayoría de la gente comienza a fumar en la adolescencia. ¿Recuerdas cuando no necesitabas un cigarrillo por la mañana, cuando una taza de café alcanzaba, y no te sentías tentado al ver a otros fumando? Eso fue hace mucho tiempo, cuando no todavía no habías asumido la identidad de un fumador. Ahora que la has tomado, lógicamente te resulta difícil dejar de fumar.

Los malos hábitos se eliminan, básicamente, volviendo el tiempo atrás y volviendo a la época en la que no se los había adquirido. Si no lo recuerdas, necesitas crear una nueva identidad que te separe de la antigua, ya que está asociada estos errores.

Los malos hábitos destruyen vidas: el alcohol, las apuestas, fumar, las drogas, y la comida chatarra, por ejemplo. La gente sabe que lo que está haciendo no es bueno, pero esa información no sirve de nada: el hábito es demasiado fuerte y vuelven a caer en los mismos patrones de comportamiento. Para no caer en estos comportamientos repetitivos, tienen que dar un paso atrás y crear una ANTIIDENTIDAD a su identidad actual. La anti-identidad es un método para tomar la identidad actual y vivir bajo los principios opuestos. Si eres fumador, asume la identidad de un NO FUMADOR. Si eres jugador, toma la identidad de un ANTIJUGADOR. Si eres un alcohólico, toma la identidad de una persona SOBRIA.

Consejo: no tienes que "odiar" tu hábito anterior. Muchas personas crean energía negativa y odio contra sus hábitos anteriores para hacerle frente a la nueva identidad. Sin embargo, si realmente asumes tu nueva anti-identidad, puedes "desprenderte" de tu hábito anterior completamente y sin carga emocional. Incluso años después de haber dejado el mal hábito, es posible que aún te sigas tentando. Pero la diferencia es que estarás tentado al mismo nivel que una persona que nunca fue adicta a ese mal hábito. Esto significa que tendrás a tu tentación controlada.

2) Planificar acciones futuras

Para crear una nueva identidad, debes tener una visión positiva de tu futuro, que te permita tomar las medidas necesarias para dejar esos malos hábitos. Si tienes una mentalidad positiva, es más probable que tengas éxito. ¿Cómo se consigue una mentalidad positiva? Piensa en los beneficios que obtendrás si abandonas el mal hábito; piensa en cómo será tu vida diaria.

Consejo profesional: piensa en cómo será tu vida diaria, y escribe tu día ideal en un trozo de papel. Escribe dónde te despertarías, qué harías por la mañana, cómo vivirías. Créate una imagen visual en tu cabeza de cómo se supone que debería ser tu nueva vida.

La visualización de tu nueva identidad tiene sus ventajas: si eres fumador, obtendrás muchos beneficios de tu futura identidad de no fumador. Respirarás más fácilmente, estarás más sano, tu aliento no olerá mal, no gastarás dinero en cigarrillos, no estarás a merced de la adicción a la nicotina, etc. Los malos hábitos probablemente crean más efectos negativos que positivos en tu vida; si quieres, puedes hacer un gráfico y comparar los positivos provenientes de tu mal hábito (el valor emocional que te da) con los negativos. Si los negativos superan a los positivos, ¡abandona el hábito!

3) Resistencia al empuje

Esta es la parte más difícil de dejar un hábito: la resistencia inicial. Cuando dejas un mal hábito, como una adicción a las sustancias, tu cuerpo entrará en "abstinencia", y tendrá antojos de dicha sustancia. Aquí es cuando eres más vulnerable a una recaída. Las personas que dejan de fumar por un tiempo pueden durar una semana completa; pero después de cuatro semanas o más, pueden recaer, porque están constantemente tentados por fuerzas externas. Por ejemplo, un fumador puede ver a sus amigos fumando o un comercial de gente disfrutando de los cigarrillos, pero tiene que luchar contra la resistencia que, durante el primer mes, requiere de mucha fuerza de voluntad.

Una vez que una persona ha dejado un mal hábito por más de un mes, puede comenzar a asumir una nueva identidad. El primer mes es la prueba real de su resistencia, y la tentación será más fuerte. Espera. Si una persona puede pasar un mes entero sin un mal hábito, probablemente creará una nueva identidad y la mantendrá por el resto de su vida. Debes impulsarte con esa resistencia; recuerda que los aspectos negativos del hábito superan con creces a los positivos; esto debería ser suficiente para evitar que recaigas en ellos.

4) Reemplazar los malos hábitos

Si te tienes que obligar a resistir, ¡aún no has terminado! Todavía tienes un hábito por reemplazar.

Consejo profesional: la gente piensa que su "fuerza de voluntad" crea buenos hábitos, pero los buenos hábitos se crean reemplazando los malos hábitos por otros nuevos. En lugar de darle una adicción a tu cuerpo, dale algo que no desee. Esto lo estimulará de la misma manera, pero el efecto en él no será negativo.

La mejor manera de reemplazar un mal hábito es crear uno de reemplazo que sea bueno para el cuerpo. Muchas adicciones son difíciles de eliminar porque proporcionan un alto nivel de estímulo para los nervios y el cerebro que vuelven imposible dejarlo. Para reemplazar esos hábitos, tienes que sacudir a tu cuerpo con estímulos iguales, pero positivos.

Por ejemplo, muchas personas que dejaron de fumar dicen que lo hicieron dándose duchas frías. ¿No te lo crees? Las duchas que duran de tres a cinco minutos con agua helada pueden afectar severamente el sistema nervioso, a tal grado que la persona, literalmente, no siente ninguna necesidad de nicotina en absoluto: el cuerpo ya ha tenido su dosis de estimulación.

Muchos drogadictos dejan de fumar solo haciendo ejercicio o duchándose con agua fría. Esto es más fácil decirlo que hacerlo, porque para una ducha fría, hace falta acostumbrarse. Primero tienes que frotar el frío del agua con una mano, para que no sumergirte directamente en él. Una vez que te acostumbres, puedes optar por duchas cada vez más frías. El frío te hará temblar y sacudirá todo tu sistema nervioso. Esto ayuda con todas las adicciones a sustancias, como la nicotina, el alcohol e incluso la heroína.

Los malos hábitos más pequeños, como morderse las uñas y retorcerse el cabello, pueden reemplazarse con una pelota antiestrés, que se pueda apretar y rascar o jugar. Esto mantendrá las manos alejadas de la boca y el cabello, y te permitirá obtener la estimulación que busca el cuerpo sin dañarlo.

5) Recompénsate a si mismo

Recompensarte a sí mismo no es una táctica para sentirse bien; no es algo que se hace para celebrar, sino para volver a programar el cerebro y saber que las acciones que se están llevando a cabo son buenas. Si estás sufriendo todo el tiempo, si tu adicción te está comiendo vivo por la abstinencia, debes recompensarte gradualmente para no quemarte. Recompensarse a sí mismo es por el objetivo: cuando hayas durado unos días o unas semanas sin recaer en un mal hábito, ya será hora de darse un capricho. Debes soportar el sufrimiento, y terminar tratándote a ti mismo con algo que disfrutes.

Consejo profesional: regálate unas vacaciones, si ya has dejado un mal hábito. Reserva un vuelo a una ciudad que no conozcas o a la playa, y pasa unos días recordando lo bien que lo hiciste. Esto reafirmará tu nueva identidad, y evitará que vuelvas a caer en esos viejos hábitos.

Si sufres sin parar y nunca te recompensas, te quemarás. Hay que tratar al cerebro como a un animal; el caballo solo transporta personas y se deja azotar porque espera una comida al final del día. Si te prometes un regalo después de pasar cierta cantidad de días sin un mal hábito, el mecanismo de recompensa te mantendrá en marcha. Esto se relaciona con una mentalidad positiva.

6) Crear un plan de acción de hitos

Un plan a largo plazo se trata de mantener en el tiempo tu nueva identidad. Si creas nuevos hábitos para reemplazar los malos, debes mantenerlos hasta que la nueva identidad sea irreversible y parte de tu ser intrínseco.

La planificación a largo plazo te permitirá crear una nueva identidad y mantenerla. Piensa en tu hábito de reemplazo: si comenzaste con duchas frías para dejar una adicción, asigna una hora de la noche para repetirlas. Por ejemplo, tu estrategia a largo plazo podría ser ducharse a las 10 PM todas las noches: esto es todo lo que necesitarías para mantener alejado el mal hábito. En el momento en que inventas excusas o dejas el nuevo hábito, serás propenso a tener una recaída. La planificación de la resistencia a largo plazo consiste en encontrar un hábito de reemplazo y trabajar en él constantemente. Si logras un hito de 7 días, date una recompensa por ese ello. Para ser efectivo, debes asumir que tienes una nueva anti-identidad, que es lo opuesto a la identidad que creó los malos hábitos.

Tres pasos esenciales para derrotar la pereza

¿Tienes problemas para levantarte de la cama por la mañana para ir a trabajar? ¿Tienes dificultades para cumplir con los plazos de entrega de un proyecto? ¿Estás desempleado y te resulta difícil encontrar trabajo, o no tienes ganas de ir a las entrevistas? La pereza es un impedimento mental; puede destruir tu vida, porque el éxito se basa en lo opuesto: el trabajo y la productividad.

Para dejar de ser perezoso, tienes que cambiar de opinión. La pereza no puede tratarse a nivel superficial. Si tomas Adderall para enfocarte o ver videos motivacionales, solo durarás unos pocos días o semanas hasta que se te acabe la droga o empieces a sentir sus efectos secundarios. Entonces, tu motivación disminuirá de nuevo, y volverás a tus viejos hábitos. Esta es la razón por la que necesitas un cambio de identidad a largo plazo.

Para resolver la pereza, hay que ver qué la causa. Este es el lado más feo de la pereza; puedes ser perezoso porque te han sucedido cosas malas en el pasado, por ejemplo. Estos eventos/traumas pasados o crisis existenciales pueden haber creado en ti una baja autoestima y una mentalidad nihilista. Una vez que descubras cuál es la causa principal, puedes trabajar en ella para eliminarla. Los arreglos temporales, como las píldoras de prescripción, solo durarán un tiempo corto, y ni entrar en los aspectos negativos de estas píldoras y otros productos farmacéuticos "para focalizarnos".

1) Identificar la causa de la pereza

Para identificar la raíz de tu pereza, piensa en tu historia, en cuándo comenzaron tus malos hábitos. ¿Te has estancado después de haber sido despedido de un trabajo o de haber sufrido una separación amorosa? ¿Te has mudado a una nueva ciudad/país y tuviste dificultades para adaptarte al nuevo entorno? ¿Cuánto tiempo llevas "hundiéndote" en tus malos hábitos? Piensa en la época anterior, y en cómo eras. Esto creará una imagen clara del lugar al que necesitas volver. Simplemente tómate una semana libre para considerar esto, haz un pequeño viaje a la naturaleza y medita sobre tu comportamiento. Te darás cuenta cuándo has ido cuesta abajo, y podrás corregirás tus malos hábitos. Si siempre fuiste perezoso, tendrás que hacer lo contrario: crear una nueva identidad para romper con la pereza.

Consejo profesional: para la mayoría de las personas, la pereza es causada por la falta de claridad mental. La atención puede estar influenciada por la nutrición; los alimentos tienen un impacto directo en el funcionamiento del cerebro. La mala alimentación hace que el cerebro no esté claro y es por eso por lo que las personas exitosas gastan mucho en alimentos buenos y caros.

2) Maximizar el tiempo de un día

Este es el paso más importante: no perder el tiempo. Sin darte cuenta, tal vez estás perdiendo de cinco a diez horas al día haciendo cosas que no te benefician de manera significativa. Lo peor de todo, es que puede pasar 10 horas al día sin hacer nada. ¿Cuántas veces has actualizado tu *feed* de Instagram hoy? ¿Cuántas veces has abierto Tinder, o hablado con tus colegas cuando deberías haber estado trabajando? Puede que no te des cuenta, pero probablemente, ya has perdido una docena de horas que podrías haber usado productivamente.

Para maximizar el tiempo de un día, tienes que cambiar tu forma de pensar, pasando de consumidor a la de productor. Una mentalidad de consumidor es aquella que se enfoca en consumir influencias externas: medios sociales, entretenimiento, películas, comida, noticias, etc. Una mentalidad de productor se enfoca en la producción: hacer productos, venderlos, inventarlos, diseñarlos, , escribirlos, editarlos, etc. La mentalidad del productor te permite estar en la raíz de la vida: creas el entretenimiento que la gente consumirá, creas el contenido de los medios sociales, creas los productos que utilizarán y las tendencias que seguirán. Cuando creas valor, la gente quiere darte valor a cambio. Este es un cambio de mentalidad clave que tienes que hacer para tener éxito. Una vez que cambies a una mentalidad de productor, apreciarás mucho más su tiempo.

3) Planificar días productivos

La manera de hacerlo es actuar proactivamente. Tu nutrición y tus malos hábitos podrían tener un efecto muy negativo en tu enfoque y cerebro. Los alimentos ricos en carbohidratos como la pasta, el pan, los pasteles y las bebidas azucaradas hacen que tu cerebro se "nuble" y confunda. Con el consumo de estos alimentos, es casi imposible concentrarse. Tus desafíos pueden haber surgido del consumo de estos alimentos. La peor parte es que están tan extendidos que una persona promedio ni siquiera es consciente de cómo los alimentos pueden afectar la claridad mental. Por el contrario, los alimentos como el brócoli, las espinacas y el bistec refuerzan la concentración y, al mismo tiempo, aumentan la claridad mental.

Una vez que hayas aclarado tu mente con una buena nutrición, podrás planificar tu rutina diaria. Empieza por levantarte temprano y arreglar tus horarios de la tarde. Si te acuestas a medianoche, te será muy difícil levantarte a las 6 de la mañana. Sin embargo, si te acuestas a las 10 a las 11, te será mucho más fácil. Puedes planificar tus días para que sean productivos planificando los alimentos que consumirás en esos días, la hora en que te despertarás, la hora en que harás tus tareas y tus descansos de trabajo. Una vez que has planeado tus días, todo se reduce a la ejecución.

Cómo dejar de postergar ahora

¿Has perdido años postergando tu "gran" proyecto? ¿Qué hay de tu trabajo? ¿Demoras las tareas hasta el último segundo del plazo, y luego te dedicas a trabajar toda la noche? ¿Tienes una idea para crear algo, pero no puedes llevarlo a cabo, incluso después de años de pensarlo? La procrastinación es una enfermedad que nace en el cerebro y se propaga como el cáncer. Una vez que se propaga a una célula, se propaga a todo tu cuerpo, y te mata. Para eliminarla, hay que matarla al principio, y no dejar que se arraigue.

1) Comienza inmediatamente

Para dejar de postergar, tienes que entrar en el flujo de trabajo inmediatamente. Una vez que tu cerebro acepte que has empezado a trabajar, encontrará maneras de mantenerte en ello. Si retrasas tu proyecto hasta la tarde o la noche, probablemente lo dejes para el día siguiente. Esto crea un bucle interminable de procrastinación, y podrías desperdiciar meses o incluso años enteros en él. ¿Conoces a personas que hablan de una u otra "idea de negocio", pero que nunca hacen nada? Han sido infectados por la enfermedad de la procrastinación.

Todo lo que tienes que hacer para dejar de procrastinar es rebobinar el reloj de un futuro "punto de inicio" a un "punto de inicio" actual". ¡Hazlo ahora mismo! Deja todo lo que estás haciendo: apaga el televisor, dile a tus amigos que no vas a salir, enciérrate en tu habitación y EMPIEZA AHORA. No lo demores para el día o la semana siguiente. Recuerda la frase: "No hay mejor momento para empezar que el presente". Ya estás preparado, y debes actuar. Una vez que has empezado, has hecho el 90% del trabajo. El resto se trata de construir el impulso.

2) Optimiza tu tiempo

La manera en que gastas tu tiempo es impredecible. Podrías pensar que te despertarás por la mañana y serás productivo, pero resulta que solo terminas tomando café y viendo videos de YouTube hasta la tarde. Es por eso, que debes asignar acciones clave, con plazos exactos, para optimizar el tiempo. Si sacas un pedazo de papel y desglosas tu día por horas, serás mucho más productivo.

Por ejemplo, si te despiertas a las 6 AM, tómate un café, comienza a trabajar a las 7 AM, trabaja 2 horas; tómate un descanso de 30 minutos a las 9 AM, y continúa trabajando hasta las 12. Anota esto en un papel. Optimizar tu tiempo hace que sea imposible fallar, porque programarás una tarea para cada hora del día. Si solo te dices a ti mismo que lo harás por la mañana, probablemente inventes una excusa o hagas otra cosa. Una vez que tu día está escrito en papel, podrás realmente ejecutar basado en él. Dite a ti mismo, que aunque no termines una tarea en el tiempo que le asignaste, si has pasado todo ese tiempo trabajando, ya has hecho un buen trabajo. Recompénsate cada vez que ejecutes una tarea en su horario.

3) Divide tus proyectos en partes pequeñas

Si tratas de hacer todo a la vez, los proyectos te abrumarán, a menos que los dividas en pedazos pequeños, lo que puede significar pasar un día entero trabajando en una pequeña parte de un proyecto. Por ejemplo, si tienes que escribir un plan de negocios de 15 páginas, empieza escribiendo 5 páginas el primer día; luego escribe 5 páginas más y otras 5 páginas al otro día. ¡En 3 días, habrás terminado! Esto es mucho más realista que forzar todo el proyecto en un día.

Si te cargas con demasiado trabajo, te resultará más difícil concentrarte, y perderás la motivación porque pensarás que no estás progresando. Sin embargo, al dividir el proyecto en varias partes, puedes marcarlas en una lista de verificación. Recompénsate cada vez que completes una parte de un proyecto tomándote un descanso o dando un paseo. Eventualmente, abordarás proyectos enteros aprendiendo a dividirlos en pedazos más pequeños.

Las 5 reglas de la autodisciplina

La autodisciplina consiste en vencer la resistencia, tomar el control de tus emociones y hacer lo que es correcto para el bien común. La autodisciplina no solo la practican los budistas, artistas marciales o atletas, sino también la persona promedio que quiere tener éxito. La autodisciplina es una forma de arte, y una vez que entiendes en qué consiste, puedes empezar a aplicarla en tu vida diaria.

1) La autodisciplina es un sacrificio

Para disciplinarte, tienes que sacrificar todas tus comodidades y placeres. Ya no podrás dormir, comer en exceso o tener hábitos negativos. Tienes que sacrificar todo lo que conocías como tú "vida cómoda". La autodisciplina no es una huida que haces durante una semana, y luego regresas a tu vida de comodidad; es una tarea para toda la vida y el arte de remodelar tu identidad.

Para desarrollar la autodisciplina, tendrás que pasar por un infierno literal, y encontrarás resistencia a cada paso. Las voces de tu cabeza te tentarán a volver a tus malos hábitos, a postergar y a no hacer lo correcto; pero si te sacrificas lo suficiente, aprenderás a ignorarlos. Esta es la razón por la que la autodisciplina se reduce, esencialmente, al sacrificio.

2) La autodisciplina es un cambio de identidad

La autodisciplina no se trata de hacer que tu vida actual funcione. La gente piensa que hay "trucos" y "atajos" para mantener su forma de vida existente sin hacer cambios radicales en su identidad y forma de actuar. Si no estás preparado para cambiar completamente tu vida modificando tu horario de sueño, hábitos de nutrición, de trabajo y patrones de pensamiento, la probabilidad de que tengas éxito de la autodisciplina es muy pequeña. La autodisciplina consiste en cambiar todo tu *modus operandi*, no en hacer que el actual funcione.

3) Si sabes por qué, sabrás cómo

Si quieres autodisciplina, pregúntate a ti mismo: ¿por qué quieres autodisciplina?, ¿es para ser una mejor persona?, ¿es para ser mejor en tu trabajo?, ¿para dejar un mal hábito que afecta tu salud? Pregúntate a ti mismo: ¿por qué intentas conseguirlo? Si no sabes la respuesta, solo estarás girando como un hámster atrapado en una rueda, sin llegar a ninguna parte. Una vez que sepas lo que estás tratando de lograr, tu cerebro sabrá que el sacrificio vale la pena. Ten en mente tu objetivo final cada vez que sientas la tentación de volver a tomar sorbos de tus viejos hábitos.

4) La autodisciplina tiene que ser realista

Ten cuidado de no abrumarte con metas poco realistas. Si trabajas duro a diario y esperas convertirte en millonario en un año, es posible que descubras que eso no va a suceder. Si tratas de dejar de fumar y hacerlo de golpe, es posible que comiences fumando menos las primeras semanas, y luego dejarlo por completo. Con el fin de obtener la motivación para mantener un nuevo hábito, tu cerebro necesita pruebas de que puedes sobrevivir al cambio. A tu cerebro no le importa que tú "creas" que lo harás; quiere experimentar el cambio en primera mano. Haz esto, y tu cerebro te dará la motivación para seguir con el nuevo hábito. Empieza por tomar pequeños cambios y luego radicalízate, en lugar de hacerlo desde el principio.

5) Hacer lo que no quieres trae resultados

Si miras tu vida hacia atrás, probablemente todas las tareas duras (noches sin dormir para terminar un proyecto; sesiones de gimnasia para tener abdominales de 6-pack; trabajos duros para ganar dinero) surgieron de hacer cosas que no querías. Seguramente eran difíciles de hacer. En esencia, los trabajos más difíciles y las cosas que menos queremos hacer son los que producen más resultados para nosotros. Si puedes disciplinarte para centrarte exclusivamente en tareas y actividades productivas que aumenten tu producción, puedes maximizar tu calidad de vida y productividad.

CAPÍTULO 2 - Desarrollar una mentalidad de autodisciplina

La autodisciplina es una habilidad que se puede aprender, así como montar en bicicleta. Aprende la autodisciplina como si estuvieras tratando de aprender a andar en bicicleta o a nadar en el océano; cultivar la habilidad lleva tiempo. Si no supieras nadar, ¿cómo empezarías? Te sumergirías en el agua y empezarás a practicar. Comenzarás a mantenerte a flote por un tiempo, y lo repetirás hasta que puedas nadar. El impulso de practicar más se construye hasta convertirte en nadador. La autodisciplina se basa en dos cosas: la práctica diaria y el impulso. Para obtener autodisciplina, una persona tiene que perfeccionar su habilidad de la consistencia para dar pequeños pasos en el camino, hasta que haya integrado lo que desea aprender o incorporar.

¿Por qué necesitas autodisciplina? La respuesta: te ayuda a lograr cosas difíciles, como dejar tus malos hábitos o desempeñarte mejor en el trabajo. Para lograr tus metas, se necesita disciplina. La autodisciplina puede ser entrenada como cualquier otro hábito; la clave del éxito es la perseverancia. Una vez que fortalezcas tu autodisciplina, podrás hacer cosas en la vida como deshacerte de tus malos hábitos, aumentar tu productividad y ponerte en forma y ser feliz. La autodisciplina es difícil, ya que remodela tu mente para ir más allá de tus necesidades emocionales básicas.

Tres hábitos que construyen la autodisciplina

Consejo profesional: para desarrollar la autodisciplina, trata a tu cerebro como si fuera un atleta que necesita entrenamiento diario para competir en el campeonato deportivo. ¿Qué sucede cuando un atleta pierde su entrenamiento diario? Se desmorona. Date tiempo si acabas de empezar, y patéate el trasero cuando tengas pereza.

Las siguientes son las tres habilidades esenciales para desarrollar una mentalidad de autodisciplina.

1) El hábito de "un día para el éxito"

La mentalidad de autodisciplina se gestiona a lo grande: tienes que preparar tu cerebro para el largo plazo, pero actuar de a pequeños incrementos diarios. La técnica #1 para obtener autodisciplina es lo que llamamos el hábito de "un día para el éxito":

- **El hábito de un día para el éxito: "si lo hiciste por un día, trátate como si ya lo hubieras logrado".**

Si te atienes a tu plan de alimentación por un día, mereces ser tan feliz como si ya hubieres perdido todo el peso. No esperes hasta tener unos abdominales *6-pack* para darte una palmadita en la espalda. El éxito a largo plazo se basa en los pequeños éxitos diarios, y tiene sentido celebrarlos una vez que hayas pasado un día completo de disciplina. Mide tu éxito basándote en lo que has hecho en un día; si te has disciplinado con éxito, trátate como si ya hubieras logrado tu meta. ¿Hiciste el trabajo hoy? Si has completado tus tareas, actúa como si ya estuvieras por llegar al objetivo.

Este es un cambio de mentalidad que hará que tu mente cobre impulso actuando como si ya hubieras logrado el objetivo después de solo un día completo de autodisciplina. Los grandes éxitos se basan en hitos diarios. El enfoque equivocado es esperar 30 días o 6 meses para recompensarte y decirte que lo has logrado. El enfoque correcto es disciplinarse por un día y luego darse palmaditas en la espalda por los logros diarios. Basa tu autoestima y felicidad en tus tareas diarias. Si ya hiciste todo lo que necesitabas hacer en el día, considérate exitoso. Si fallaste, inténtalo de nuevo mañana.

2) Mata la gratificación instantánea

La naturaleza humana nos conduce a consumir cosas que nos proporcionan una gratificación inmediata: comida chatarra, alcohol, cigarrillos, noticias, películas, medios sociales, ¿Qué tienen en común todos ellos? Que proporcionan alivio emocional y gratificación instantáneos. La autodisciplina es el arte de optimizar la mente para la gratificación tardía y a largo plazo. Si comes una barra de caramelo que sabes que no debes comer, sentirás gratificación instantánea. Si dices que no a los dulces y en su lugar consumes brócoli, en 30 días tendrás un mejor cuerpo. La diferencia es que te sentirás gratificado más tarde. La disciplina es diferente del autocontrol porque en el autocontrol ejercemos moderación, mientras que con la autodisciplina, esencialmente reconfiguramos nuestro cerebro para la disciplina a largo plazo.

La autodisciplina es una tarea de toda la vida que desafía nuestra mente continuamente. Acepta que, mientras estés vivo, tu mente siempre te empujará a tomar el camino de la gratificación instantánea; esa es tu biología siguiendo el instinto de supervivencia. Siempre queremos comer, porque cuando vivíamos en tribus, si no comíamos, moríamos. Siempre queremos tener sexo, porque si no lo hiciéramos, no nos reproduciríamos. Somos adictos a las sustancias y a los medios de comunicación social porque nos hacen vibrar el cerebro con productos químicos como la dopamina, que indican que estamos a salvo. La clave no es cambiar nuestra biología, sino observarla objetivamente y tomar el control de ella.

Consejo: conviértete en Dios. Imagínate a ti mismo como Dios observando tu habitación desde arriba. Para vencer nuestra biología, tenemos que observar nuestros comportamientos impulsivos desde la perspectiva de una tercera persona: ¿Dónde estás ahora mismo? Estás en una habitación leyendo un libro. Si vas a la cocina, observa tu comportamiento. Pregúntate a ti mismo: ¿Esta persona está haciendo algo racional, o está actuando primitivamente? Toma el control del mal comportamiento quitando tu identidad de tus acciones, y mírate a ti mismo a través del prisma de una entidad neutral.

3) Crea ondas de *momentum*

Una vez que hayas logrado tu éxito diario, repite el mismo proceso presionándote a través de tus hitos diarios. Esto creará *momentum waves* (u olas de impulso, por su traducción del inglés), en las que cabalgarás como un surfista pescando una ola en mar abierto. Encuentra una gran ola y cógela. Si te caes, vuelve a subirte. Si haces ejercicio durante 1 día, repite las acciones diligentemente durante una semana. Esto creará un gran impulso para que sigas adelante durante un mes completo. Una vez que lo hayas hecho durante un mes, sigue adelante durante un año entero.

¿Recuerdas cuando solías estar en la cima de tu productividad en el trabajo, y seguías produciendo a tiempo, ganabas dinero y tus clientes/jefes elogiaban tu trabajo? Estabas en lo que se llama ola de impulso. Una vez que tienes el impulso inicial, es imposible detenerse. La autodisciplina crea impulso. Si empujas una roca hacia abajo en una montaña, la roca comenzará a caer lentamente, pero luego acelerará. En el momento en que la roca golpea el suelo, ya puede estar yendo a más de 450km/h.

Una vez que empieces con los ejercicios diarios de autodisciplina, lo harás despacio, pero perseverarás hasta que tu ímpetu aumente, y luego, las tareas que antes considerabas "difíciles", te saldrán naturalmente. Esencialmente, en el día a día estás en una batalla con tu cableado biológico y tu mente. Una vez que te das cuenta de que no hay una solución permanente (es decir, una solución que te alivie de la lucha diaria contra tu naturaleza), y que ésta es una tarea para toda la vida, aprendes a anticiparte al desafío diario y a crear impulso gradualmente. Tómalo de a un día a la vez.

Cuatro prácticas esenciales para encender una fuerza de voluntad fuerte

¿Qué haces cuando no tienes ganas de hacer algo? ¿Cómo encuentras la energía para ir al gimnasio por la noche, cuando tienes ganas de dormir y de quedarte en casa? ¿Cómo te levantas a las 5 AM para ir a trabajar, cuando solo quieres dormir una hora más? ¿Cómo consigues la motivación para hacer las cosas que se supone que debes hacer, y hacerlas consistentemente? La respuesta: fuerza de voluntad. La fuerza de voluntad puede ser el factor decisivo entre una meta exitosa y una meta fallida.

¿Cuál es la diferencia entre un CEO millonario que dirige su propia empresa y una persona sin hogar en la calle? La fuerza de voluntad. Uno tiene la fuerza de voluntad para salir adelante y tener éxito, mientras que el otro carece de fuerza de voluntad y apenas puede subsistir en la vida. Algunas personas quieren tener éxito y saben lo que se necesita para tenerlo, pero carecen de la fuerza de voluntad para hacerlo. Este capítulo se enfoca en la importancia de la fuerza de voluntad y las 4 técnicas principales para desarrollarla para llevar a cabo tus tareas diarias.

La fuerza de voluntad es como un músculo en el cerebro: se debilita cuando no se lo entrena. Si no haces nada para practicar tu fuerza de voluntad, serás perezoso e improductivo. Trata a tu cerebro como a un vehículo, donde la fuerza de voluntad es el motor: Si no tienes motor, o si tienes uno que funciona a medias, no podrás conducir. Sin embargo, si el motor está bien engrasado y la mecánica funciona, podrás conducir por los terrenos montañosos más peligrosos. Lo mismo se aplica a tu cerebro: cuando tienes fuerza de voluntad, tienes un cerebro en funcionamiento que te hará lograr cualquier cosa. ¿Quieres poder levantarte a las 5 de la mañana y sentirte bien? ¿Quieres poder hacer ejercicio por la noche y esperar con ansias tu visita al gimnasio? ¿Quieres poder trabajar 10 horas sin descansos ni distracciones? Arregla tu fuerza de voluntad, y podrás lograrlo.

Consejo profesional: trata a la fuerza de voluntad como a un bíceps. Para aumentar la masa muscular, tienes que aumentar el peso en las áreas que influyan a los bíceps. Si dejas de levantar pesas, tus músculos se contraen. Lo mismo se aplica a la fuerza de voluntad: debes presionar tu cerebro para desarrollar la fuerza de voluntad, pero una vez que la has desarrollado, la práctica se volverá más fácil. Si dejas de trabajar en tu fuerza de voluntad, la perderás y te caerás. La fuerza de voluntad requiere disciplina constante y sacrificio diario.

Fuerza mental

La fuerza de voluntad tiene que ser construida gradualmente: no se desarrolla de la noche a la mañana. Ten cuidado de no sentirte abrumado, incluso si las metas parecen realistas. Por ejemplo, si tu meta es hacer ejercicio a las 9 PM en punto cada noche, asegúrate de no quemarte demasiado, o no podrás hacer ejercicio al día siguiente. Toma descansos y recompénsate una vez cada poco día, para no quemarse. Empieza haciendo pequeñas mejoras, y construye tu fuerza de voluntad usando las siguientes técnicas de manera gradual. Una vez que ganes impulso, continúa haciéndolo, y las acciones se convertirán en parte de tu identidad.

Recuerda la regla de los 6 meses: lo que hoy te pareció difícil de hacer, en 6 meses será algo normal. Si pensaste que correr y levantar pesas en un día era imposible, cuando lo hagas una y otra vez, descubrirás que se ha convertido en algo normal para ti después de 6 meses; y podrás agregar otra actividad más. Tu fuerza de voluntad alcanzará su punto máximo después de que tu cerebro tenga pruebas de que algo es posible. Para darle esas pruebas, debes lanzarte a la línea de fuego todos los días. Naturalmente, tendrás caídas en el proceso, pero debes levantarse. Una vez que tú el impulso se acabe, esfuérzate por hacerlo de nuevo, y tu fuerza de voluntad alcanzará su punto máximo.

1) Dale pruebas a tu cerebro, no promesas

Recuerda esta frase: **tu cerebro quiere pruebas, no promesas.** Tu cerebro funciona como una máquina de monedas: una vez que le demuestras que algo es posible, a cambio da fuerza de voluntad. Si te dices a ti mismo "hoy comeré mejor", tu cerebro no se dará cuenta y no te dará la fuerza de voluntad para hacerlo. Sin embargo, si te obligas a hacerlo, si cocinas alimentos saludables y los consumes, tu cerebro tendrá una prueba definitiva de que sí es posible. Entonces, naturalmente te dará la fuerza de voluntad para repetirlo al día siguiente. Tu cerebro demanda pruebas constantemente de que puedes hacer ciertas cosas, y debes darle pruebas físicas si quieres obtener la fuerza de voluntad a cambio. ¿Has intentado dejar de fumar? Si dejaras de fumar durante una semana, tu cerebro tendría todas las pruebas que necesita para darte la fuerza de voluntad para ser un no fumador para siempre. No basta con pensar positivamente y reafirmar que lo harás algún día; debes tomar acción física para que tu cerebro te suministre la fuerza de voluntad que necesitas.

Oblígate a hacer lo correcto por un día, y tu fuerza de voluntad aumentará dramáticamente. Si has regresado de vacaciones y te falta fuerza de voluntad para volver al trabajo, oblígate a trabajar inmediatamente. Algún que otro día trabajarás con resistencia, pero tu cerebro tendrá pruebas de que es posible. Entonces, tu fuerza de voluntad regresará y podrás volver a trabajar de la misma manera que antes. Si no has hecho ejercicio en 2 años y has perdido el estado físico, puedes reestablecer tu rutina de ejercicios haciéndola por la noche. Busca un sendero para correr, vístete y comienza a hacer ejercicio. Una vez que hayas pasado tu primera noche, tu fuerza de voluntad para repetir el proceso se elevará exponencialmente.

2) Comienza con tareas incómodas

¿Qué pasa cuando empiezas a trabajar por la mañana? Sientes incomodidad. ¿Qué pasa cuando empiezas a correr en pista? Sientes incomodidad. ¿Qué pasa cuando vas a una entrevista de trabajo? Sientes incomodidad. Incomodidad es lo que necesitas; significa que esa acción vale la pena. Ahora, piensa en lo que sucede cuando empujas a través de la incomodidad; al tiempo te acostumbras y empiezas a comprometerte con él. La incomodidad que sientes en este caso no es causada por la falta de circunstancias ideales, sino por tu propia resistencia biológica. La resistencia biológica trata de encadenarte y conservar energía, así que debes hacer lo contrario de lo que sientes dentro.

Recuerda esto: **tu cuerpo no se preocupa por tus metas**. Tu cuerpo te recompensa por hacer cosas que, en realidad, frenan tu progreso: dormir, comer comida chatarra, fumar, beber, consumir medios de comunicación. Tu biología está conectada para que liberes la menor cantidad de energía y consumas la mayor cantidad de energía posible.

Fuerza mental

¿Alguna vez te has preguntado por qué quieres hacer menos en el trabajo, por qué duermes hasta tarde, por qué quieres quedarte en la cama en lugar de ir al gimnasio? Es porque la resistencia está ahí para evitar que liberes energía excedente, esa que en realidad te llevaría a una vida de éxito.

Consejo profesional: para tener éxito, haz lo contrario a lo que tu biología te pide. ¿Quieres dormir? Levántate de la cama. ¿Quieres comer pizza? Cocínate un brócoli. ¿Quieres quedarte en casa y no hacer ejercicio? Ve al gimnasio. ¿Quieres ver Netflix y relajarte? Ve a trabajar 10 horas seguidas sin descansar.

Sintoniza con tu cuerpo, escucha lo que anhela biológicamente. En la mayoría de los casos, estás haciendo cosas basadas en impulsos biológicos; si diseñas tus acciones para hacer lo contrario de tus impulsos, crearás la fuerza de voluntad que necesitas para tener éxito. Comienza con tareas incómodas, ya sea despertarse temprano, hacer un proyecto del trabajo que has retrasado, o ir al gimnasio. De esta manera, lo incómodo se convertirá en la norma, y nunca caerás preso de tus impulsos biológicos.

3) Esfuérzate al 100% en cada tarea

La fuerza de voluntad no se trata solo de empezar, se trata de terminar tus tareas con una diligencia del 100%. ¿Cómo desarrollas la fuerza de voluntad para hacer una tarea si no es dando lo mejor de ti? El enfoque incorrecto es comenzar una tarea incómoda y holgazanear, pensando que retrasándola todavía tienes posibilidad de hacerla otro día. El enfoque correcto es trabajar como si tu vida dependiera de ello.

Imagina que alguien te pone una pistola en la cabeza y te dice: "Ve al gimnasio y haz 150 flexiones, levanta 5 veces peso y corre 16 km". ¿Encontrarías la fuerza de voluntad para hacerlo? Definitivamente sí, ya que tu vida estaría en peligro. Trata a tus tareas regulares de trabajo como si tu vida dependiera de ellas, y dales tu mejor rendimiento, incluso si la tarea no es importante. Una vez que te acostumbras a hacer todo al 100% de tu capacidad, se desplaza a otras áreas de tu vida, y tu fuerza de voluntad para hacer muchas cosas a la vez se dispara. Desarrollarás la fuerza de voluntad para trabajar, hacer ejercicio, salir y participar en proyectos divertidos sin quedarte sin energía.

4) Disminuye las distracciones

Elimina todas las distracciones que te impiden completar un trabajo. Una vez que hayas trabajado una o dos horas, tendrás ganas de tomar un descanso y disfrutar de períodos de relajación. La desventaja de esto es que, normalmente, una vez que encuentras una distracción, surgen más distracciones. . Si miras Instagram, encontrarás una publicación emotiva de tu expareja, o un anuncio que te anima a viajar a Bali. De repente, estarás en una página de reservas buscando vuelos a Bali: una distracción lleva a otra distracción, hasta que pierdes la pista de tu trabajo original por completo Para evitar esto, trata todo como si tuviera un efecto de "bola de nieve", que podría erosionar tu atención y dañar tu enfoque con solo mirarlo. ¿Recuerdas cómo desarrollas el impulso de la fuerza de voluntad? El lado malo es que también puedes desarrollar un impulso en las distracciones, así que observa que estás en el extremo correcto de ese espectro.

Tres técnicas para fortalecer tu autocontrol

El autocontrol consiste en controlar tus impulsos emocionales. Mira tus decisiones impulsivas. ¿Comes pizza a las 11 de la noche y te preguntas porqué lo hiciste? ¿Vuelves a fumar en una fiesta y habías estado tratando de dejarlo? ¿Pides algo en eBay cuando sabes que tienes que ahorrar? Esto es lo que se conoce como comportamiento impulsivo. Para obtener autocontrol sobre el comportamiento impulsivo, debes tomar el control de tus emociones. La mayoría de las emociones que causan decisiones impulsivas son difíciles de controlar, ya que están impulsadas por la ansiedad, el miedo, el estrés o incluso la felicidad. Una vez que te "drogas" con una emoción, es difícil tomar decisiones racionales.

Consejo profesional: el autocontrol es una medida "preventiva". Uno debe observar su comportamiento para tomar control de su impulsividad. El autocontrol es esencial e impermeable para hacer grandes cambios en la vida, ya que la lucha diaria de la autodisciplina está ligada a la toma de pequeñas decisiones de autocontrol de contención. ¿Cómo puedes cumplir un plan de alimentación durante un día entero cuando hay tantas opciones de alimentos disponibles? ¿Cómo concentrarse en el trabajo durante 10 horas, cuando te distraen por los medios de comunicación social? ¿Cómo detener un hábito que te perjudica, cuando te proporciona buenas emociones? La respuesta es simple: supera tu comportamiento impulsivo. Hay técnicas para superar tu impulsividad, observando tu comportamiento y corrigiéndolo antes de que se apodere de tus sentidos lógicos.

El autocontrol está a punto de evitar el comportamiento impulsivo. Hay 3 pasos para evitar el comportamiento impulsivo:

1) Identifica los desencadenantes

El comportamiento impulsivo es causado por una falta de juicio lógico. Cuando piensas racionalmente, sabes lo que es malo y bueno para ti. La naturaleza humana es, a menudo, más poderosa que la mente racional, y por eso es tan difícil de superar. La lucha por vencer a la naturaleza está ligada a nuestra biología, ya que hemos evolucionado para buscar la gratificación instantánea. Esencialmente, la mayoría de las cosas que se sienten bien son malas para nosotros a largo plazo. El comportamiento impulsivo solo puede ser corregido a nivel lógico, haciendo que tu mente racional sea más poderosa que tus impulsos físicos. ¿Cómo se logra esto? Empieza por aplicar la lógica. Identifica los factores desencadenantes por adelantado, y actúa de manera preventiva; evita ponerte en una situación en la que te sientas tentado.

Por ejemplo, si estás tratando de dejar de fumar, es posible que descubras que ir de fiesta y emborracharte te dan ganas de fumar más. Evita las fiestas, ese es tu detonante. Si quieres comer sano, no pases por panaderías u tiendas que le tienten a comprar comida chatarra. Si comes por la noche, prepárate una comida saludable por adelantado o acuéstate temprano. Identifica esos pequeños "desencadenantes", los pequeños eventos que provocan tu comportamiento impulsivo, y evítalos disminuyéndolos por completo. Muchas veces, te expones a las influencias equivocadas consumiendo medios de comunicación en línea que sirven como campo de lanzamiento hacia el mal comportamiento. Los humanos también tienen influencias a nivel subconsciente; si uno ve a sus amigos haciendo algo en los medios sociales, el cerebro los tienta a repetir ese comportamiento. Corta con todas las influencias que te desencadenen el comportamiento impulsivo.

Si la culpa del desencadenante está en ti mismo y no puedes evitar los estímulos externos (no son fiestas o tiendas que te tientan, sino tu propio comportamiento) la solución es simple: suprime tus emociones. La mayoría de los impulsos desaparecen en 10 minutos. Si quieres fumar, espera y ocúpate de otra actividad. Solo tienes que observar tu deseo de fumar y superar tus emociones. Lo ideal es que evites todos los desencadenantes externos y suprimas tus emociones internas por un rato para evitar por completo caer de nuevo el comportamiento impulsivo.

2) Restringe el comportamiento impulsivo

El comportamiento impulsivo es temporal. Tomar el control del comportamiento impulsivo es esencial para el autocontrol, ya que significa que dominas tus impulsos primarios. Hay dos maneras de controlar el comportamiento impulsivo: 1) dejarlo pasar 2) participar en otra actividad.

Observar tu impulsividad en tercera persona puede darte una idea de cómo funciona, y la manera de suprimirla. Si puedes eliminar tu identidad de la ecuación y mirarte a ti mismo como si fueras una persona neutral, ¿seguirías sintiendo los mismos impulsos? Siente el impulso como si estuvieras al 100% y preséntate con él, sin resistirlo. En la meditación, esta práctica se conoce como "estar presente en el momento". Esto pondrá tu mente en reposo porque sabrás que tus adicciones e impulsividad no son más que el resultado de impulsos biológicos que estallan. La mente apega las historias personales a tu impulsividad, pero en esencia, es un comportamiento impulsado por la necesidad del cerebro de una rápida gratificación.

Usar actividades de reemplazo es una manera efectiva de controlar el comportamiento impulsivo: date un duchar, un paseo, toma una siesta, corre, compra una bolsa de boxeo para golpear, habla con alguien, etc. Hay muchas maneras de recuperar las emociones que buscas de tu adicción o impulsividad de una manera que no te haga daño.

3) Previene una recaída futura

¿Por qué dejar de fumar si vas a recaer en un mes? ¿Por qué comer comida orgánica si estarás volviendo a la comida chatarra en de un mes? La recaída es tu mayor amenaza a largo plazo, por lo que saber cómo anticiparla es tan esencial como identificar sus desencadenantes. La manera en que controlas tu comportamiento moldeará tu destino, y anticiparte a una futura recaída puede ayudarte a no volver a adquirir malos hábitos.

La manera de prevenir una recaída es simple: cambia tu identidad. Muchas personas se aferran erróneamente a su antigua identidad y tratan de "hacerla funcionar" cambiando sus hábitos. Sin embargo, la única manera de tener éxito en el cambio a largo plazo es cambiar quién eres como persona. Debes dejar ir tu identidad actual y convertirte en otra cosa, similar a una oruga que se transforma en mariposa. Por ejemplo, si deseas dejar de fumar, puedes utilizar técnicas para evitar comprar cigarrillos e ir a la tienda o a fiestas. Incluso puedes decirte a ti mismo que es malo para tu mente y que es un hábito terrible. Sin embargo, el enfoque correcto es asumir una identidad de no fumador. ¿Tienes amigos que no fuman? ¿Alguna vez se sienten tentados por el humo? La respuesta es no. Esto se debe a que su identidad es, fundamentalmente, la de los no fumadores. Asume la identidad de la persona en la que quieres convertirte, y perderás tus tentaciones actuales de forma natural.

Fuerza mental

Cinco trucos psicológicos para impulsar la autodisciplina

Para construir sobre tu autodisciplina y autocontrol, la psicología puede añadir una capa de fuerza de voluntad que te ayudará a atravesar los días más difíciles cuando estés empujándote a los límites de tu capacidad emocional. ¿Qué sucede cuando se rompe una semana de autodisciplina exitosa a tal punto de recaer en los malos hábitos? La manera de evitarlo es aplicar bloques de construcción psicológica: pequeñas técnicas que, cuando se apilan una encima de la otra, pueden servir como base para la salud psicológica. Piensa en los bloques de construcción psicológica como ladrillos. Si no tuviste autodisciplina en el pasado, puedes comenzar a construir tu estructura por un día. Una vez que haya pasado un día, puedes agregar un ladrillo más. Al final tendrás una casa entera.

Recuerda la frase: "**la mente es una criatura de hábitos**". Una vez que tu mente esté entrenada para hacer algo, también puede no estarlo. Si has caído en malos hábitos, puedes revertirlo creando hábitos completamente nuevos. Esto se debe a que el cerebro no es estático, y puede ser alterado a tu forma ideal, con el fin de recuperar el control sobre tu vida. La autodisciplina consiste en tomar el control de la mente, y la psicología se especializa en su estudio .

Los trucos psicológicos no consisten en ir al científico loco que vive al lado y hacer que te enganchen con electrodos que te hagan cambiar de opinión. En su lugar, debes darte cuenta de que los cambios se pueden hacer gradualmente. Una vez que no bebiste alcohol, te enseñaste a ti mismo a hacerlo, incluso ni siquiera tomaste café; y ahora, no puedes pasar un día sin dos tazas de café. La mente es muy flexible y puede adaptarse a hábitos dañinos al igual que a hábitos "duros" nuevos que estés tratando de imponerte y que mejorarían tu vida. Si tienes poco poder sobre la mente racional, los siguientes trucos psicológicos pueden ayudarte a mejorarlo ahora:

1) Hazte presente con la meditación

¿Cómo evitar los malos pensamientos que te llevan a un comportamiento impulsivo? La respuesta es no tener ningún pensamiento. La meditación es el arte de estar presente y abandonar la mente consciente, confiando efectivamente en que el subconsciente será suficiente para ayudarte a tomar las decisiones correctas. Nuestras mentes están preocupadas con pensamientos sobre el futuro y el pasado. Pasamos demasiado tiempo pensando y poco tiempo actuando.

La meditación es un ejercicio que nos ayuda a minimizar nuestros pensamientos, y el ejercicio consiste en concentrarnos en la respiración y no pensar durante 20 minutos. Para visualizar la presencia, imagínate en los días del hombre de las cavernas: estabas cazando un animal, tenías una lanza y el animal huyó de ti. Una vez que empiezas a correr hacia el animal y a perseguir la muerte, no piensas en absoluto, porque te concentras en la muerte. Has estado completamente inmerso en el momento presente, que es lo que la meditación ayuda a lograr.

La práctica de la meditación puede reducir la ansiedad, darte más confianza y la capacidad de calibrar en el momento. Si estás trabajando en un entorno donde tienes que tomar decisiones en el momento, como el mercado de valores o las ventas en vivo, debes estar presente en ese momento. Si estás atascado en tu cabeza, tus pensamientos tomarán el control y no serás capaz de comprometerte con tu trabajo.

La meditación solo toma de 15 a 20 minutos por noche, y todo lo que uno necesita es un despertador. Pon el despertador en 15 minutos, siéntate, cierra los ojos y concéntrate en tu respiración. Sentirás la presencia apareciendo a los 5 minutos, y 15 minutos después, sentirás la presencia completa. Una vez que una persona ha meditado durante meses, puede, naturalmente, invocar este sentimiento.

2) Cambia tu corteza prefrontal

La corteza prefrontal es una parte del cerebro situada por encima de los ojos, responsable de controlar el enfoque. La corteza prefrontal controla el enfoque mediante la identificación de puntos de enfoque para el cerebro y el uso de los sentidos. Una vez que la corteza prefrontal está "enfocada" en algo, puede mantener el enfoque durante mucho tiempo. Podrías pensar que es tu cerebro él lo que hace, pero en realidad es un pedacito diminuto de él ubicado en una punta el que controla el enfoque, y tú puedes optimizarlo.

La corteza prefrontal es una reacción evolutiva a los humanos que viven en la naturaleza, cuando una criatura salvaje podría, por ejemplo, atacarte y comerte. En respuesta, la corteza prefrontal se centra inmediatamente en la amenaza y te hace consciente de que estás en peligro inmediato. También nos ha ayudado a cazar y reproducirnos. La corteza prefrontal ha permanecido, en gran medida igual, pero ahora la gente está tratando de alterarla para optimizar su enfoque en el trabajo. Incluso los medicamentos populares de enfoque como Adderall funcionan alternando la corteza prefrontal.

La manera más rápida de modificar la corteza prefrontal es obligar al cerebro a realizar una tarea difícil. Si comienzas la actividad, la corteza prefrontal encuentra maneras de mantenerla. No se activa automáticamente cuando deseas, hay que forzarla a que lo haga. ¿Quieres ir corriendo pero tu cerebro no lo hace? Salga y comienza a correr, y tu corteza prefrontal te dará el enfoque para terminar el ejercicio. ¿Quieres trabajar en un gran proyecto? Comienza a hacerlo y tu corteza prefrontal te proporcionará el enfoque y la energía que necesitas.

3) Ama el proceso

Si aprendes a amar el proceso que te lleva al éxito, lo conseguirás automáticamente. Muchas personas están orientadas a los resultados y tratan de avanzar rápidamente hasta el punto final, en lugar de concentrarse en el proceso diario que les permite alcanzarlo. Esto se debe a que vivimos en una época de medios de comunicación social en la que la gente imagina coches, destinos de viaje y champán. Como resultado, creen que el éxito es solo el punto final y no el viaje en sí mismo. Entiende que la acción más pequeña que tomes hoy tendrá repercusiones 30 días después. Si sales de tu casa para ir al gimnasio, no verás ningún resultado mañana, pero lo verás 30 días después frente al espejo.

Observa tus pasos de camino al gimnasio y elógiate a ti mismo, porque ya tienes éxito. Esos pasos lentos y cansados que das por la noche lo son. Tienes que reducir tu proceso y optimizar tu comportamiento en aquellas pequeñas tareas que producen resultados. El proceso es esencialmente un conjunto de hitos diarios que haces, y que, cuando se combinan, producen resultados. Si pasas 30 minutos en el gimnasio todas las noches, estarás en forma en 1 o 2 meses. Si trabajas 10 horas todos los días, tendrás éxito en el trabajo. Hacer el pequeño cambio psicológico de que cada acción diaria importa y contribuye al panorama general te ayudará a superar la última resistencia que tengas.

4) Optimiza para la gratificación retrasada

La gratificación retrasada se trata de una perspectiva a largo plazo. El éxito puede tomar años. Es por eso por lo que uno debe prepararse para el pensamiento a largo plazo y los sacrificios que le siguen. Gary Vaynerchuk, uno de los principales referentes del marketing de medios, pasó una década encerrado en una sala grabando videos de vino para su negocio. No fue a fiestas ni a reuniones. Perfeccionó su habilidad, y sabía que si seguía así, su éxito llegaría, aunque le llevara 10 años de trabajo sin parar.

Un experimento científico de los años 70 dirigido a los niños pequeños llamado experimento *Marshmallow* muestra esto: a cada niño se les dio un dulce de malvavisco delante de los otros. Si lo comían inmediatamente, solo tenían ese, y si esperaban más tiempo, se les daban dos. Muchos niños se comieron los caramelos de inmediato, mientras que otros esperaron y comieron dos. Más tarde, los psicólogos descubrieron que los niños que esperaban para comerse dos caramelos solían mostrar una mayor capacidad de resolución de problemas y tenían mejores resultados en el SAT, el examen de admisión para las universidades de los Estados Unidos.

5) Desestrésate periódicamente

Desestresarte es el paso siguiente a una rutina de trabajo exitosa. Uno debe tomarse el tiempo para eliminar las toxinas dañinas y reiniciarse, dándose el tiempo que necesite. Si tienes exceso de trabajo, estás bajo estrés constante y tu cuerpo está lleno cortisol, una hormona característica del estrés. El cortisol es una sustancia evolutiva que es responsable de las amenazas externas: si un animal te ataca, el cuerpo se llena de cortisol para ponerse en "alerta" y hacerte más sensible al mundo. Esto hace que sea más probable que salves tu vida cuando estés huyendo o tratando de combatir a un enemigo (en un sentido evolutivo).

El cuerpo no puede diferenciar entre el mundo moderno y los días del hombre de las cavernas; de modo que si estás bajo constante estrés en el trabajo, no reconoce que estás en una torre de oficinas en Nueva Jersey, y te llena de esa misma hormona, como si estuvieras huyendo de un tigre. La manera efectiva de desestresarse es alejarse completamente del entorno actual. Reserva un vuelo a la playa, acampa al aire libre, haz un viaje por carretera, explora tu ciudad; haz cualquier cosa que no gire en torno a tu entorno actual. Una vez que te desestresas, puedes volver al trabajo recargado.

CAPÍTULO 3 - Los secretos para establecer metas

¿Alguna vez te has mirado los kilos de más en el espejo y has pensado que "deberías perder peso" pero nunca has hecho nada en concreto por ello? ¿Quizás tomaste medidas pero te diste por vencido después de 2-4 semanas, y volviste a tus viejos hábitos? ¿Sueñas con dejar de aplastar tu alma, pero nunca lo haces porque le tienes demasiado miedo a tu jefe? ¿Estás atascado en una rutina y ves que tu vida no va a ninguna parte? ¿Tienes alguna idea de negocio ambiciosa en mente, pero has retrasado la toma de medidas durante meses o años? La mayoría de las personas piensan que deben hacerlo y saben que deben actuar. Sin embargo, su rutina diaria les impide actuar correctamente.

Establecer metas se trata de una cosa: **romper con la rutina diaria.**

La mente subconsciente sabe que, si tomas acción, tu vida cambiará, y te impide hacerlo para encadenarte a tu régimen actual. Eres esclavo de un impulso biológico. Tu cerebro quiere que permanezcas igual; es un mecanismo de protección, porque encuentra consuelo en lo familiar. Renunciar a tu trabajo, perder peso, empezar un negocio, todo eso es poco familiar, tu mente pensará en toda excusa y racionalización para evitar que cambies. Esta es la razón por la cual usted debes establecer metas SMART que sean sensibles al tiempo y rompan tu rutina para lograr que hagas lo que necesitas. La remodelación de tu vida comienza en la etapa de fijación de metas. Si te fijas metas concretas, podrás romper tu rutina y empezar a vivir la vida que siempre quisiste, paso a paso.

Empieza ahora: "el día" nunca llega

Recuerda la frase: **El día nunca llega** Sólo estás ahí cuando actúas. ¿Has postergado tus "grandes planes" para una cita imaginaria en la que supones que estarás listo? ¿Hay ideas de hace 5 años sobre las que no hayas tomado acción, pero te has dicho a ti mismo que las harás una vez que te sientas preparado? ¿Tienes una idea de negocio genial sobre la que nunca tomaste acción porque es demasiado compleja? Las metas SMART existen para darte ese último "empujón" que necesitas para patearte el trasero y tomar acción. Las metas SMART tienen que ver con romper tu rutina y tomar grandes medidas para alcanzar tus metas futuras. Este capítulo se centra en la mentalidad de fijación de objetivos que te empujará directamente a la acción.

Cómo crear objetivos SMART para un mejor rendimiento

Consejo profesional: fijar objetivos es como saltar a una piscina. Si no saltas inmediatamente, te sentirás tentado a permanecer al margen, donde no te mojas. Si saltas, verás que el agua no estaba demasiado fría, y te acostumbras a la temperatura rápidamente. Lo mismo se aplica a los objetivos SMART: puedes tomar medidas inmediatamente y completar las piezas que faltan en el camino. Nunca estarás listo hasta que tomes acción, pero una vez que lo hagas, tu cerebro encontrará maneras de mantenerte en movimiento. Por ejemplo, si renuncias a tu trabajo con un jefe abusivo, comenzarás a buscar un nuevo trabajo inmediatamente, y eventualmente conseguirás uno mejor.

Las metas SMART son los planes de acción que planificas antes de hacer. Hay una distinción entre metas SMART y HARD: las metas SMART son pequeñas metas mensuales incrementales que una persona puede alcanzar en un corto período de tiempo; mientras que las metas HARD están orientadas a largo plazo y requieren un cambio profundo de identidad. S.M.A.R.T. significa:

➜ **S-PECIFIC (específico)**

➜ **M-EASURABLE (medible)**

➜ **A-TTAINABLE (alcanzable)**

➜ **R-ELEVANT (relevante)**

➜ **TIME-BOUND (en un tiempo determinado)**

Las metas SMART separan promesas vacías como "necesito perder peso" de planes de acción concretos como "necesito perder 20 kilos en 2 meses". Si te fijas objetivos concretos con tengan planes de acción y plazos, podrás alcanzarlos categóricamente en lugar de jugar con ellos y esperar a que te motiven por instinto. Si careces de motivación, las metas SMART establecen las bases para el cambio ,al tomar pequeñas acciones diarias. Las metas SMART deben contener todo lo siguiente:

1) Específico

Los objetivos SMART deben ser específicos. La técnica es escribir fechas y horas concretas en las que se puedan llevar a cabo las acciones. Cuando escribas tu meta, empieza por escribir los detalles específicos: fecha, hora, resultado y cualquier otro detalle. Cuanto más específico seas, más concreto podrás ser sobre tus acciones. Si deseas perder peso, escribe cuántos kilos y cuántas semanas quieres tardar. Si deseas obtener un aumento, escribe cuánto por mes y qué porcentaje del salario. Si deseas comenzar un negocio, escribe en qué fecha y cuántas ventas en dólares deseas hacer por mes. Si deseas dejar de fumar, escribe cuándo fumarás por última vez y qué planeas hacer después.

Una vez, un profesor de la Escuela de Negocios de Harvard encargó a sus estudiantes que escribieran sus metas de vida en un pedazo de papel. Los estudiantes devolvieron rápidamente sus papeles al profesor. Él leyó cada pedazo de papel y los tiró a la basura frente a la clase excepto uno. Tomó el último papel que quedaba y lo leyó en voz alta, y decía: "Quiero un aumento del 10% para septiembre del próximo año". Lo señaló como el mejor trabajo de la clase porque establecía un plan de acción concreto y una fecha límite en lugar de afirmar vagamente "Quiero que me asciendan". La estudiante afirmó que quería "un aumento del 10% para septiembre del año que viene". La única diferencia entre tiempo y meta específica es lo que diferencia una meta fallida de una meta ¡SMART!

2) Medible

Recuerda la frase: **lo que se mide, se maneja.** Las metas pueden ser medidas de la misma manera en que medimos nuestros gastos de vida. ¿Sabes cuál es tu renta mensual, cuánto son tus cuentas y cuánto debes en impuestos? Piensa en tus metas como unidades medibles. Si deseas tener éxito, mide el aumento exacto de dinero que necesitas para financiar tu vida futura. Digamos que el éxito para ti es una casa. Una casa promedio en los Estados Unidos cuesta, aproximadamente, $250,000 USD. ¿Qué se necesita para obtener ese monto? Tal vez quieras comenzar un nuevo negocio o conseguir un trabajo bien pago. Sea lo que sea, lo que se mide, se logra por adelantado.

Puedes medir el progreso de tu condición física de la misma manera: si tuviste abdominales con un 16% de grasa corporal, puedes medir cuántas libras necesitas perder para bajar a ese nivel de grasa corporal. Una vez que tengas una medición general, puedes dividir tu objetivo en pequeñas mediciones diarias. Por ejemplo, si tu meta es perder 12 kilos en un mes, debe ser perder 3 kilos a la semana. Mide tu peso todos los días para asegurarte de que lo estás haciendo, y esto reforzará tu objetivo a largo plazo.

3) Alcanzable

Los objetivos SMART deben ser realistas y alcanzables en función de tu situación actual. Por eso se hace hincapié en el corto plazo. Si deseas abrir un restaurante, puedes estar a uno o dos años de la meta. Primero, necesitas conseguir los fondos. Es probable que tengas que trabajar durante, al menos, un año antes de que puedas obtener el financiamiento inicial que necesitas para el alquiler del lugar, los suministros de alimentos, los chefs y la comercialización. Las metas tienen que ser divididas en pequeños trozos que se puedan alcanzar y apilar uno encima del otro.

Consejo profesional: piensa en las metas como la colocación de ladrillos para construir una casa. Se coloca una capa de ladrillos cada semana y se repite lo mismo durante un año. Al final del año, tienes la casa completa.

Volvamos al ejemplo del restaurante: trabaja por tu metra horas extras durante un año hasta que reúnas los fondos iniciales. Divide ese año en metas mensuales, e hitos semanales. Una vez que tengas pequeños hitos incrementales, puedes empezar a tomar medidas de inmediato. Las acciones se construirán una sobre la otra, y en 1 año habrás logrado tu objetivo final: tener un restaurante propio. Si te dices a ti mismo que un día conseguirás los fondos para un restaurante, retrasarás tu meta indefinidamente. Si cambias tu vida para optimizar las acciones diarias que te permitirían obtener los fondos, el cambio de mentalidad por sí solo te asegurará el éxito a largo plazo.

4) Relevante

Pregúntate a ti mismo: ¿es esta meta verdadera para mi corazón?, ¿quiero fijarme metas para impresionar a los demás, o es algo que siempre he querido hacer por mí mismo? Establece metas que te proporcionen satisfacción personal. Si lo haces para satisfacer a los demás, te quemarás. Las metas SMART tienen que ver con la satisfacción personal, porque tomar acción es mucho más fácil una vez que se hace para tu corazón.

Por ejemplo, si odias tu carrera universitaria y te pones como meta obtener mejores calificaciones solo para impresionar a tus padres, es probable que fracases, porque no lo que quiere tu corazón. Sin embargo, si tienes como meta cambiar de carrera y perseguir algo que sea fiel a tu corazón, se volverá mucho más ansioso por lograrlas. Las metas SMART tienen que ver con acciones concretas, pero también tienen que ver con dar vuelta tu vida. Si no estás satisfecho con tu situación actual, es hora de cambiar todo.

5) Tiempo determinado

El tiempo establece la diferencia entre una meta que se hace y una que se pierde. Si no tienes plazos, no tienes metas. Establece plazos específicos y escribe las fechas límite para todas las metas; la más importante es la fecha de inicio. Una vez que tienes una fecha de inicio, sabes que tu antigua vida está a punto de cambiar. Si la meta requiere un gran cambio en tu vida, como dejar de fumar, retrasa la fecha de inicio hasta que te sientas seguro de que podrás mantener tu nuevo comportamiento. Especifica el día exacto en que deseas comenzar. No basta con decir: empezaré el mes que viene o empezaré en octubre. Lo correcto es decir: empezaré el 15 de octubre. La sincronización asegura que tu cerebro no será capaz de pensar en excusas o postergar la fecha indefinidamente. Una vez que la fecha está escrita, quedará grabada en piedra.

Cómo definir metas DURAS para mejor rendimiento

Las metas SMART te obligan a tomar medidas; las metas sólidas te obligan a cambiar tu identidad. Las metas duras son el último nivel en al establecer metas: desafían tu identidad y te ayudan a reformarte para convertirte en la persona que siempre quisiste ser. La gran diferencia entre metas SMART y metas duras es que las metas SMART se pueden dividir en metas diarias, semanales u incrementales pequeñas, mientras que las metas duras solo se pueden trabajar con meses o años de anticipación. Las metas sólidas cortan profundamente tu alma y cuestionan si la acción que estás tomando es verdadera a tu identidad; y si no, para remodelar completamente tu identidad como persona. Imagina que las metas SMART son las que te hacen tomar acción, y las metas duras son las que te definen:

- **Objetivo SMART: Quiero empezar un negocio en 1 año.**
- **Objetivo DURO: Quiero ser un dueño de negocio exitoso.**

Las metas duras se relacionan con quién eres como persona: ¿eres una persona orientada a la condición física o que toma acción?, ¿aspiras a ser médico/propietario de un negocio/persona de familia? Los objetivos duros requieren un cambio profundo de identidad que puede llevar años o incluso décadas para materializarse. Por eso, son tan esenciales como los objetivos SMART que utilizamos para impulsarnos a través de los procesos de toma de acción y la construcción del ímpetu. Las metas duras pueden reforzar tu identidad si estás en una encrucijada en la vida y tienes una visión de en quién quieres convertirte pero te faltan las direcciones para llegar allí.

Las metas de H.A.R.D. (duras) son las siguientes:

→ **H-EARTFELT (sentido)**

→ **A-NIMATED (animado)**

→ **R-EQUIRED (esencial)**

→ **D-IFFICULT (difícil)**

1) Sentido

¿Tu meta dura es una que se mantiene fiel a tus ambiciones, valores y creencias como persona? ¿Estás estableciendo tu meta por ganar dinero y complacer a otras personas, o es algo que siempre has querido lograr desde que eras niño? Si tu meta dura es comenzar un negocio, ¿lo estás haciendo para impresionar a tu cónyuge/parientes/amigos o es algo que siempre quisiste hacer por ti mismo? Pregúntate: ¿para qué he nacido? Una vez que tengas una respuesta a esta pregunta, sabrás si tu objetivo es sincero o no. A partir de ahí, puedes empezar a trabajar en tu meta o puedes cambiar completamente el itinerario de tu vida.

Definir metas duras es difícil porque afecta profundamente tu identidad, y cuestiona si las cosas que estás haciendo son lo correcto. A menudo, verás los lazos con tu pasado y cómo llegaste a dónde estás en la vida. Muchas veces, las personas persiguen metas que no son verdaderas y luchan porque van en contra de su naturaleza. Las metas sinceras te ayudan a cumplirlas y no solo a tener éxito. Este es el nivel más alto de fijación de metas porque cuestionas si las metas se relacionan con tus deseos intrínsecos o si has sido engañado y desviado del curso por influencias que no son verdaderas para tu corazón.

2) Animado

Fuerza mental

La realidad cotidiana del trabajo es diferente del plan de acción imaginario que creamos. Imagínate a ti mismo como un emperador romano viendo la batalla de los gladiadores. Parece fácil desde la silla, pero una vez que estás en el ring, se convierte en un juego completamente diferente. Lo mismo se aplica a las metas: las acciones que tomas diariamente serán diferentes a lo que has escrito. Esta es la razón por la que tienes que ser lo más realista posible para minimizar la diferencia entre los objetivos que te has fijado y las acciones que estás tomando en la vida real.

Por ejemplo, si tu jornada laboral máxima es de 10 horas, asegúrate de preparar objetivos para la producción que un día de 10 horas puede generar en términos de ingresos y productividad. Muchas veces nuestras metas proyectadas están por debajo de nuestra producción diaria real. Notarás que querrás hacer menos trabajo, tomar más descansos y experimentar más distracciones. Esta es la razón por la cual es posible que tengas que ajustar tus metas para lo que puedas hacer de manera realista, basándote en tu comportamiento histórico. Conócete a ti mismo y tu capacidad.

Si sientes que está holgazaneando, debes optimizar para mejorar tu rendimiento. Tus metas duras tienen que ser adyacentes a tus metas SMART diarias. Por ejemplo, si solo haces ejercicio 1 hora al día (meta SMART), no puedes esperar convertirte en un fisicoculturista profesional (meta dura). Sin embargo, si haces ejercicio de 5 a 10 horas al día, de repente podrás serlo en un año. Los pequeños pasos de acción que des diariamente tienen que estar alineados con las metas duras y la perspectiva de la gran imagen.

3) Esencial

Las metas duras deben ser críticas. No pueden ser una mera formalidad. Una meta dura tiene que ser crítica para tu existencia, y debes sentir un impulso inmediato para actuar por ella. Tienes que estar en lo profundo de tu ser, o no valdrá la pena perseguirlo. Pregúntate a ti mismo: ¿qué me pica ahora que no estoy actuando? ¿Tienes una idea de negocio y ves a gente abriendo negocios similares que tú podrías hacer mejor? ¿Esto pesa profundamente en tu alma? Si es así, debes tomar medidas.

¿Te preocupa perderse Bitcoin si no inviertes ahora? ¿Te preocupa que alguien tome tu idea de negocio si no lo haces ahora? Si la meta dura es sensible al tiempo y estás sintiendo un profundo impulso de actuar ahora mismo, es algo que debes perseguir. Si quieres perseguir una formalidad, definitivamente no es una meta dura. Por ejemplo, mudarse del vecindario a uno mejor es una meta SMART, pero ¿es realmente una meta dura que desafía tu identidad? No lo es. Una meta dura es algo que cambia quién eres y desafía tu visión actual del mundo sobre lo que consideras posible.

4) Difícil

Si los objetivos no son difíciles, no vale la pena perseguirlos. Si puedes hacer algo sin cambiar toda tu vida, ¡debes pensar en grande! Pregúntate a ti mismo: ¿Qué es lo más difícil que puedes hacer ahora mismo? La tarea que requerirá la mayor energía mental, las horas más largas en el trabajo, y la mayor cantidad de sacrificio por tu parte, esa es la meta dura. Las metas duras están pensadas para ser difíciles y desafiar a tu propio ser, con el fin de desencadenar el cambio que quieres extraer de la vida.

Evita establecer metas de dificultad media tales como "perder 5 kilos de grasa" u "obtener un ascenso en el trabajo". Esas son metas SMART. El enfoque correcto para establecer metas difíciles es apuntar a la cima. ¿Cómo puedes alcanzar el máximo estado físico de tu vida tu vida y tu potencial genético en el gimnasio? ¿Cómo puedes encontrar el trabajo mejor pago en tu industria y trabajar para la corporación más grande? ¿Cómo se puede iniciar una empresa rentable y convertirse en una de las marcas más exitosas del mundo?

Esta es una tarea difícil, una que puede requerir de 5 a 10 años de perseverancia, pero que le da sentido a tu vida en gran escala. Una tarea verdaderamente difícil desafiará tu existencia, te hará cuestionar tu curso en la vida y finalmente te permitirá llegar a ser lo que siempre has soñado ser.

Ejercicio: para definir sus metas duras, hazte las siguientes preguntas y escribe las respuestas en una hoja de papel:

- ¿Dónde quiero estar en 5 años?
- ¿Qué pretendo hacer al respecto?
- ¿Qué es lo que temo perderme en la vida?
- ¿Qué planeo hacer al respecto?
- ¿Qué cambio requerirá de mí?

Las respuestas a estas preguntas te darán una visión en términos de tus objetivos reales y sinceros a largo plazo. Una vez que hayas anotado las respuestas, puedes hacer una referencia cruzada de si tus metas duras son los valores mencionados anteriormente.

Los secretos para convertir tus metas en pasos alcanzables

¿Has decidido cuáles son tus objetivos y estás atascado en el punto de partida, pero no sabes por dónde empezar? ¿Estás demasiado abrumado con el proceso de fijación de metas, y las múltiples metas que te has fijado te confunden? ¿Tienes una gran lista de "cosas que hacer" y no sabes cómo priorizar tus objetivos? Fijar metas puede abrumar a una persona, porque está haciendo demasiados cambios a la vez. Si tu trabajo ocupa la mitad de tu día y, al llegar a casa estás cansado, ¿cómo se supone que vas a encontrar la energía para hacer ejercicio?

Digamos que quieres comenzar un negocio pero necesita $100,000 USD en inventario para comenzar. ¿De dónde sacas el dinero de la inversión? ¿Qué pasa con los malos hábitos y las adicciones? Si estás tratando de dejar el cigarrillo, el alcohol y las drogas, ¿cómo sabes cuándo es suficiente? El enfoque equivocado es tratar de hacer todo a la vez: te abrumarás. Podrás durar unas semanas, pero tu motivación disminuirá. El enfoque correcto es priorizar tus metas y actuar sobre cada una de ellas individualmente, hasta que tus acciones funcionen en conjunto.

La mayoría de las personas pierden la motivación después de 4 semanas. La razón principal de ello es que se fijaron metas demasiado altas y terminaron abrumados. Por ejemplo, si alguien trata de perder 12 kilos en 4 semanas, podría tener éxito durante la primera semana usando una dieta de inanición, pero luego volverá a sus viejos hábitos alimenticios cuando el hambre vuelva a aparecer. El enfoque más inteligente para ellos sería reemplazar sus alimentos por otros más sanos, lo que tomaría más tiempo que una dieta de inanición, pero sería también más consistente.

Si estableces altas expectativas, tu lista de metas va a estar llena. Esto puede ser negativo, porque si haces demasiadas cosas a la vez, perderás la noción del significado de esas cosas. Es fundamental dar prioridad a tus objetivos y asignar tus pasos de acción gradualmente. Es mejor asumir menos metas con más significado que muchas con menos significado.

Las metas se pueden convertir en pasos de acción con un simple proceso de 4 pasos:

1) No apuntes demasiado alto

Si apuntas demasiado alto, te decepcionarás si no lo logras. Por ejemplo, si tu objetivo es ganar $1 millón de dólares en 6 meses o escalar el monte Everest en 1 mes, es probable que fracases. Establece metas realistas basadas en tus competencias. Si no eres competente, retrasa tu meta hasta que la desarrolles. Si quieres escalar el monte Everest, no podrás prepararte en un mes. Sin embargo, si te preparas con un año de anticipación, hay una mayor probabilidad de que puedas escalarlo con 12 meses de práctica.

Si quieres convertirte en millonario, ponte una meta de 5 o 10 años. De esta manera, tendrás tiempo suficiente para desarrollar y hacer crecer un negocio, o para que te sitúe en lo más alto de la escala corporativa. El enfoque correcto es apuntar a objetivos moderados que se pueden lograr preparándose y actuando en pequeños incrementos. Si apuntas demasiado alto, te quemarás. La medida más efectiva para prepararte para metas realistas es imaginar una meta fácil y duplicarla.

Establece metas basadas en la evidencia del pasado. Si una vez has perdido 7 kilos en un mes, espera repetirlo. Si has ganado $100.000 dólares en un año, deberías poder replicarlo. En el primero, es un error aspirar a 22 kilos al mes o a $100.000 dólares en un mes en lugar de un año. Una vez que tengas pruebas o un patrón que puedas usar para juzgar tu desempeño, puedes planear con anticipación, porque tus metas se solidificarán con las pruebas del pasado.

2) Limita el número de metas

Digamos que tienes 10 objetivos en tu lista de objetivos: 1)mudarte a otra ciudad, 2)perder 12 kilos, 3)dejar de fumar, 4)conseguir un mejor trabajo, 5)dejar de beber, 6)viajar a la India, 7)conseguir a una pareja,8)aprender a tocar la guitarra, 9)levantarse a las 5 AM, 10)empezar a meditar. ¿Serán realistas todos esos objetivos en un año? La respuesta es sí, pero la gran cantidad de metas te abrumaría. El hecho es que, cuando te repartes entre docenas de objetivos, no sabes por dónde empezar y pierdes la concentración en los que importan.

La mayoría de la gente escribe metas que son completamente insignificantes para su crecimiento como persona; metas como aprender a tocar un instrumento o despertarse más temprano. Las metas significativas son metas que te impulsan hacia adelante ayudándote a dejar de ser un peso muerto, como las adicciones, y te ayudan a hacer grandes movimientos, como encontrar un trabajo mejor o comenzar un negocio. Limita la cantidad de metas que estás estableciendo, optando por un máximo de 3 metas al año, esas metas deben reflejar sus mayores deseos.

3) Ordena las metas por prioridad

Si no te gusta tu cuerpo, haz de él tu meta #1 para perder peso. Si no estás satisfecho con tu situación económica, concéntrate en encontrar un nuevo trabajo. Si tu salud está sufriendo debido a una adicción, haz que tu prioridad sea dejarla. Para priorizar las metas, identifica lo que desencadenaría el mayor cambio en tu vida. Por ejemplo, comenzar un negocio haría una diferencia mucho mayor que aprender a tocar la guitarra. Una vez que hayas reducido tus metas a solo 2 o 3 metas básicas que importan, debes clasificarlas según tu nivel de competencias.

Comienza con la meta en la que eres más competente, porque esto te dará la fuerza necesaria para avanzar hacia otras metas más difíciles. Si tienes que elegir entre perder peso, encontrar un nuevo trabajo o abandonar una adicción, empieza con la que estés más seguro de tener éxito: si tienes experiencia previa en acondicionamiento físico, empieza con la pérdida de peso. Si tienes experiencia cambiando de trabajo, busca primero uno nuevo. Si tu mal hábito no es una parte importante de tu vida, olvídatelo primero.

4) Reduce las metas en incrementos semanales

Divide tus metas en incrementos semanales o pequeños hitos que puedas tachar semanalmente. Comienza por "acercarte" a tu meta más grande. Si tienes una meta que te tomará 1 año alcanzar, establece hitos mensuales más pequeños. Una vez que los hayas establecido, establece hitos semanales que se incorporen a tus hitos mensuales más importantes. De esta manera, puedes concentrar tu atención exclusivamente en la producción semanal, y esa producción semanal se traducirá en una producción mensual gradual hasta que hayas alcanzado tu objetivo final anual.

La manera de ser eficaz con objetivos a gran escala que requieren mucho tiempo es empezar con algo pequeño. Recuerda esto: **eres la culminación de tus acciones diarias.** Si estableces un hito para cada semana y llevas a cabo tus tareas a diario, considérate exitoso. Esto se debe a que las semanas se acumularán, y eventualmente alcanzarás tus metas más grandes.

Cómo recompensarte por el progreso

¿Qué pasa si tienes éxito durante 2 semanas, te tomas un descanso e inmediatamente vuelves a caer en viejos hábitos poco saludables? ¿Qué pasa si dejas de fumar y regresas después de 4 semanas? ¿Te preocupa que si te tomas un descanso, pierdas impulso y todo su trabajo duro sea en vano? Muchas personas recaen en sus malos hábitos cuando se les deja salir de la jaula; se debe a que han sido mantenidos con correa durante semanas o meses tal vez, y empiezan a anhelar su viejo estilo de vida. Es extremadamente difícil cambiar tu forma de ser, pero para evitar el agotamiento, una persona tiene que tomarse tiempo libre y recompensarse a sí misma regularmente. Para recompensarse sin volver a caer en tus viejos hábitos, es importante planificar pequeñas "recompensas" en consecuencia.

El primer paso es la planificación logística de tus recompensas. Por ejemplo, si dejas de fumar y quieres celebrarlo, es mejor reservar unas vacaciones en el extranjero que ir a una fiesta. Una vez que estés de vacaciones, podrás relajarte en la playa y tomar aire fresco, mientras que en una fiesta te sentirás tentado a volver a tu hábito de fumar. Si has cambiado tu dieta y ahora solo consumes alimentos orgánicos, debes tener cuidado de no caer en la tentación de tus viejas e insalubres formas de vida.

¿Por qué recompensarte ahora?

Recompensarte a sí mismo es útil por dos razones: 1) refuerza que tienes éxito y has cruzado un cierto hito; 2) ayuda a evitar el agotamiento en el trabajo. Las personas que trabajan duro a menudo pasan días enteros encerradas en sus oficinas para trabajar más duro y aumentar la productividad. Si lo hacen durante semanas, corren el riesgo de "quemarse" y, en esencia, de perder la motivación. Para evitar este proceso, hay muchas maneras de romper la cadena recompensándote de vez en cuando, hasta que estés completamente recargado y puedas volver a tu horario de trabajo. Si estás celebrando un pequeño hito, comienza con una pequeña celebración. Si has logrado un gran éxito, deberías considerar tomarte más tiempo libre para recompensarte, e incluso tomarte un mes entero de descanso.

Consejo profesional: recompensarte a ti mismo no se trata de publicar en los medios sociales. ¿Perdiste 2 kilos en una semana? ¿Dejaste de comer comida chatarra durante una semana? ¿Dejaste de fumar recientemente? Estos son hitos dignos de celebración, pero una recompensa tiene que llenarte espiritualmente, mostrándote un nuevo lado de la vida, uno que no es propenso a la validación externa.

Las siguientes son las mejores maneras de relajarse y recompensarte después de alcanzar un hito.

1) Resérvate un día de fin de semana de festejo

Reserva unas vacaciones de fin de semana en un lugar que no se parezca en nada a tu oficina: la montaña, la playa, el lago; naturaleza de todo tipo. Olvídate del sonido de las computadoras y los teléfonos, y desconéctate de la sociedad moderna. Si has estado trabajando durante semanas, tu cuerpo está lleno de la hormona de cortisol. Para eliminarlo de tu sistema, tienes que cambiar completamente tu entorno. Hay os vuelos baratos que puedes reservarlos por adelantado para descansar, tanto más barato como motivador, ya que estarás esperando una recompensa mientras trabaja.

Es posible viajar con un presupuesto limitado volando con aerolíneas baratas y alojándose en viviendas baratas, o incluso en casas compartidas, si eres joven. Haz que tu destino sea lo más diferente posible a tu lugar de trabajo actual. Si trabajas en un lugar muy concurrido, haz de tu destino un lugar tranquilo donde puedas sentarte y no hacer nada. No exageres. La mayoría de las veces, 1-2 días en la playa es suficiente. Siéntate junto al mar y escucha las olas por la noche. Mira las estrellas. Tómate tu tiempo para pensar en lo que hiciste en retrospectiva y en los grandes proyectos futuros que tienes por delante. Trata de meditar en tus pensamientos, te liberará de cortisol, y te recargará. Te recompensarás cambiando tu entorno y tu cerebro reforzará el hecho de que eres exitoso.

2) Crea una noche de película

Los humanos son criaturas sociales. Históricamente, evolucionamos para vivir en tribus de 150 personas, y millones de años de evolución después seguimos viviendo cerca de otras personas. Esto nos hizo anhelar la actividad social, y el compromiso con la gente nos hace más relajados. Si te sientes incómodo en las fiestas debido a las altas cantidades de alcohol, una noche de cine es la recompensa perfecta para ti. Invita a tus amigos y familiares más cercanos a ver una película o una comedia de Netflix. Cocinas palomitas de maíz y pasa la noche viendo películas. Si has logrado un gran éxito, puedes incluso beber y pedir chatarra para la noche: te lo has ganado. Termina tu noche de película preparando un agradable baño de burbujas con vino hasta altas horas de la noche. De esta manera puedes socializar y relajarse, y luego completar tu relajación con un largo baño de terapia relajante.

3) Explora la ciudad

Conoce tu ciudad y haz la primera actividad que encuentres. Ve a un partido de fútbol, a una atracción turística, a un bar, participa en un festival, si es que vives en una ciudad importante donde hay actividades las 24 horas del día. Las ciudades están llenas de opciones de entretenimiento que pueden proporcionarte actividades divertidas las 24 horas del día. ¿Extrañas los días de tu infancia cuando eras despreocupado y conducías autitos de juguete? Ve a buscar uno e invita a tu amigo. Esto te hará sentirte despreocupado y podrás combinar varias actividades a la vez. ¿Qué tal si ves un nuevo éxito de taquilla en el cine y terminas la noche con una visita a tu bar favorito? Tu ciudad probablemente tiene muchas atracciones escondidas y áreas que puedes explorar. Si no quieres gastar dinero, puedes caminar y escuchar música. Caminar es una actividad muy meditativa, porque te permite sumergirte en la energía de la ciudad.

4) Cómprate un regalo

Imagina que es tu cumpleaños y cómprate algo que siempre quisiste pero que no tuviste el valor de comprar porque eras ahorrativo.

¿Querías comprar iPhone nuevo, pero no has hecho? Recompénsate comprándotelo. Ve a tu librería favorita y cómprate un libro nuevo. Haz un viaje a los grandes almacenes y prueba un par de jeans. Ve a comprar un nuevo par de Nike; el consumismo de la vieja escuela puede relajarte. Comprar puede hacer que te sientas nuevo y refrescar tu sentido de la moda. Sea lo que sea que te hayas perdido, recompénsate comprando un artículo que siempre quisiste.

Cuatro maneras de crear un entorno favorable para los objetivos

¿Vives en un hogar ruidoso donde no puedes hacer nada porque los ruidos lo interrumpen? ¿Tus vecinos son ruidosos y te interrumpen constantemente mientras estás tratando de hacer tu trabajo? ¿Tu escritorio está desordenado y desorganizado y luchas por organizar tus pertenencias? El entorno en el que resides repercutirá en tu productividad, al igual que las personas que te influyen.

Bruce Lee solía decir: "Si pones agua en una taza, se convierte en la taza. Si pones agua en una botella, se convierte en la botella". En otras palabras, tú eres un producto de tu entorno. ¿Qué sucede cuando tu entorno está por debajo de tu nivel y te impide alcanzar tu máximo potencial productivo? Es hora de limpiar la casa. Esto puede significar la organización de tu espacio vital actual, o puede significar el reemplazo completo de tu espacio al mudarte a un nuevo vecindario. El ambiente físico en el que resides dictará tu producción de energía. Para aprovechar al máximo tu energía, tienes que vivir en un tipo de ambiente que propicie la productividad.

Las siguientes 4 técnicas te ayudarán a crear un ambiente favorable para tus objetivos:

1) Limpia tu habitación

Para ser productivo, tienes que minimizar el espacio de tu oficina a las herramientas esenciales que necesitas: el escritorio, la silla, la computadora y/o cualquier otra herramienta necesaria para el trabajo. Tira todo lo demás a la basura. Si tu entorno está repleto de comida, cajas de pedidos de eBay, productos electrónicos, ropa y otras cosas sucias, esto se reflejará en tu productividad, porque estarás constantemente distraído por todo lo que te rodea. Lo mismo se aplica al ordenador: limpia tu escritorio y coloca cada ícono de distracción, como juegos y música, en una carpeta separada.

Solo deja en el escritorio el software más importante. Si tu habitación está sucia, tómate un día completo para limpiarla y deshacerse de cualquier artículo que no sea crítico para tu productividad. Regala tu ropa vieja a la Cruz Roja. Asegúrate de que tienes libertad para mover las manos y de que estás sentado en una posición adecuada, si estás trabajando en un escritorio. Tu espalda estará exhausta por los turnos de 10 horas de trabajo, y debes darte la contención adecuada. Una vez que hayas eliminado todos los elementos innecesarios y tu habitación esté limpia, estarás listo para empezar a producir.

2) Muévete a un área diferente

¿Vives en un área que es demasiado ruidosa y distrae? Si contestaste que sí, muévete. La diferencia en productividad que experimentarás compensará la pérdida de la vida en un ambiente libre de alquiler. Encuentra un nuevo apartamento en una zona tranquila donde puedas concentrarse al 100% en tu trabajo. Esto te permitirá minimizar todas las distracciones y maximizar la productividad. La mudanza es una táctica radical, ya que muchas personas firman contratos de alquiler de propiedades que expiran después de 6 meses o un año. Sin embargo, el aumento de la productividad merece la pena.

Se recomienda mudarse incluso si tu situación interior es ideal pero el área es demasiado dañina para sus objetivos. Si vives en un área céntrica de la ciudad donde los bares tocan música fuerte por la noche, esto afectará tu sueño. Trata de vivir en un área que sea adecuada para tus objetivos. Por ejemplo, si quieres perder peso y vives en un área con muchas panaderías y restaurantes de comida rápida, muévete a un lugar donde haya tiendas de alimentos saludables y senderos para correr. De esta manera, puedes hacer ejercicio y comprar buena comida en lugar de ser tentado por comida poco saludable.

3) Corta las malas influencias

Si algunas personas, como tu pareja o incluso tus padres, te están frenando, interrumpiendo tu horario, córtales el paso. Nuestros hábitos están formados por las personas con las que nos rodeamos, y si las personas más cercanas a ti no están alineadas con tus objetivos, esto puede crearles inconvenientes a ambos. Es prudente romper temporalmente el contacto con las personas para ver si marcan la diferencia. Por ejemplo, si te quedas en el lugar de tus padres para ahorrar dinero pero te hacen sentir como una molestia, es mejor que te mudes. Tu productividad aumentará una vez que estés libre para trabajar en tu propio espacio vital. Si tienes amigos con malos hábitos que te influyen directa o indirectamente, córtalos hasta que dejes de lado tus malos hábitos y ellos ya no puedan influir en ti. A veces, puedes poner fin a las relaciones temporalmente y reiniciarlas una vez que hayas ganado terreno en tu productividad.

4) Ve a un ambiente favorable para las metas

La sociedad moderna cuenta con espacios y entornos que se adaptan a las necesidades de las personas orientadas a objetivos. Los ejemplos más notables son los clubes de meditación y los espacios de trabajo conjunto. Los espacios de cotrabajo son un invento relativamente nuevo para las personas creativas que quieren trabajar en red. Una persona puede unirse a un espacio de cotrabajo comprando una tarjeta de membresía similar a un gimnasio. Esto les permite establecer contactos con personas de ideas afines y concentrarse cuando necesitan trabajar. Hay muchos clubes, como los clubes de meditación, donde una persona puede aprender una nueva habilidad y organizarse con personas que están familiarizadas con la práctica. Si no puedes crear un entorno favorable a tus objetivos, puedes unirte directamente a uno ya existente.

Fuerza mental

Capítulo 4: Técnicas para aumentar los resultados

Transforma tu vida con el método de hacer las cosas (GTD)

¿Olvidas las cosas pequeñas? ¿Te has recordado a ti mismo que necesitas hacer algo durante todo el día y luego terminas olvidándote de ello? Un día en el trabajo, tu jefe te encarga que traigas un documento para trabajar en él. Vuelves a casa y te vuelves paranoico, tu mente piensa: "consigue ese papel". Mientras comes y acaricias a tu perro, empiezas a pensar en esos papeles de negocios; haces *footing* pensando en ellos por la noche, y casi te tropiezas en las escaleras, y en la cama te encuentras despierto a las 3 de la mañana pensando en los mismos papeles.

A la mañana siguiente, ¿qué pasa? Te distraes con las noticias del conflicto en Siria, ves a tu perro hacer un desastre en la cocina, tu mujer te empieza a hablar de las facturas impagas, ¿y qué es lo último en lo que piensas? En los papeles de los negocios. Es cierto, lo olvidaste. Una técnica muy popular que te ayuda a recordar y organizar tu vida es el método GTD de David Allen.

El método "Get Things Done" (GTD), o el método de hacer las cosas, fue inventado por David Allen, un experto en consultoría de productividad con más de 30 años de experiencia. El libro se convirtió en uno de los más emblemáticos y vendidos de todos los tiempos. El método GTD es un método de 5 pasos que se centra en escribir todo lo relacionado con la mente, eliminar lo innecesario y convirtiendo los pensamientos "accionables" e "inaccionables" en "tareas de trabajo" apropiadas.

GTD no es para todos; es un sistema para personas que tienen tiempo para considerar todo y desean tomar el control de su vida reevaluando sus decisiones. Ejemplo: tu jefe te encarga que traiga los papeles del negocio al trabajo. ¿Cuál es tu "recordatorio" aquí? El método GTD explica que el "recordatorio" tiene que ser removido de tu cabeza escribiéndolo. Básicamente lo conviertes en un "objeto de acción" en un papel. Podemos convertir de forma efectiva todas las tareas planificadas en elementos de acción y organizarlos por prioridades. Esto hace que nuestra atención pase de pensar en los recordatorios a hacer a tomar medidas prácticas. La técnica GTD se centra en tareas importantes, por lo que todas las que requieren menos de 2 minutos para completarse no deben ser anotadas.

La Técnica GTD es un proceso de 5 pasos:

Paso 1: capturar.

Paso 2: aclarar.

Paso 3: organizar.

Paso 4: reflexionar.

Paso 5: activar.

Cómo funciona: la técnica GTD se basa en tomar nota de todos tus "incompletos" (cosas que tienes que hacer), y luego decidir si los "incompletos" son 1) "accionables" (sobre los que debes tomar acción) o 2) "inutilizables" (sobre los que no puedes hacer nada); luego debes tomar acción centrándote en los elementos de trabajo más importantes que has escrito. La técnica GTD requiere un completo "*brain dump*", o vaciado de cerebro, para anotar todo lo que le preocupa a tu mente.

Una vez que hayas completado tu descarga cerebral, tienes que dividir lo incompleto en dos formas: accionable e inaccionable. Se descartan los incompletos no accionables, mientras que los accionables se priorizan en función de cuál de ellos tiene el mayor impacto en tu vida y productividad. El método GTD requiere mucha reflexión y no se puede hacer de una sola vez. Debes estar preparado para pasar, al menos, unas horas reflexionando sobre las cosas que ocupan tu mente, escribiendo cada pensamiento y decidiendo cuál tendría el mayor impacto en tu vida.

Paso 1 - capturar

El primer paso del método GTD es escribir lo que preocupa a tu cerebro. Efectivamente, estamos tratando de completar un vacío de cerebro y escribir todo lo que llega a él. No importa si los pensamientos están relacionados con el trabajo, la familia, el negocio o el clima. Lo que importa es que, si algo está en tu mente, debe ser escrito. Los pensamientos pueden ser de gran, pequeña, o mediana importancia. Pueden ser de naturaleza personal, profesional o de otro tipo; anótalos todos. Consigue un pedazo de papel y escribe el 100% de todo lo que te preocupa. Este proceso puede tomar un tiempo, porque el ser humano promedio tiene cientos de pensamientos, pero por lo general giramos por los mismos 40-50 en una base diaria, y estos deben ser los anotados. Anota incluso los temas que no estén relacionados con tu trabajo.

Ejemplo: digamos que tienes un lunar en la cara que afecta la confianza en ti mismo y deseas visitar una clínica de para quitártelo. Anótalo. Digamos que planeas viajar a la India y has tenido esto en tu mente por años. Anótalo. Supongamos que estás a punto de iniciar un nuevo negocio, y no sabes cómo conseguir distribuidores para él. Anótalo. Deshazte de todo; tómate tu tiempo y no te apresures. Imagínate si una especie alienígena descendiera de otra galaxia y escaneara todo tu cerebro: ¿qué encontrarían? Hazlo por ti mismo, pero solo escribe lo que piensas. Vuelca tus pensamientos en un pedazo de papel.

Paso 2 - aclarar

Tu vacío cerebral debe tener, por lo menos, 50 pensamientos sólidos escritos; clasifícalos en elementos "accionables" e "inaccionables". La diferencia es que para uno se puede actuar y para los otros no se puede hacer nada. Simplemente asígnales una flecha hacia la derecha a cada pensamiento para clasificarlo accionable o no accionable. ¿Cómo sabes la diferencia? Si tienes una idea sobre cómo has sido rechazado por tu amor de la escuela secundaria, esto es "inaccionable"; no puedes conseguir una máquina del tiempo y volver atrás. Si tu pensamiento es sobre cómo necesitas perder 7 kilos en 3 semanas, esto es "factible". Clasifícalo como accionable y sigue adelante.

Una vez que hayas escrito una lista completa de elementos accionables e inaccionables, desecha estos últimos elementos a la basura. Esto dejará sobre la mesa solo las acciones a las que se puede recurrir, acciones a las que deberías dedicar tu vida. Enfócate en remover los objetos inaccionables de tu cabeza porque obstaculizan tu productividad y te roban energía mental.

Paso 3 - organizar

Ahora te quedaste con elementos que pueden ser objeto de acción, elementos sobre los que puedes tomar medidas concretas. Para proceder, debes clasificarlos de manera que dividas los que puedes lograr en un futuro inmediato o a largo plazo. Esto se basa en tus competencias y en el tiempo necesario para llevar a cabo cada paso a seguir.

Ejemplo: si tu objetivo accionable es abrir una librería, es posible que tengas que retrasarlo en favor del trabajo diario que te permitiría ahorrar lo necesario. Todos estos pensamientos son accionables, pero algunos requieren más tiempo y esfuerzo. Ésta es la razón por la cual tienes que priorizar tus planes accionables en base a cuál de ellos puedes hacer primero. Puedes dividirlos en pasos de acción diarios, semanales, mensuales y anuales. Las acciones anuales deben reflejar tus objetivos a largo plazo, mientras que tus acciones semanales y diarias deben ser actualizadas en base al trabajo y los proyectos que surgen diariamente, que son más dinámicos.

Paso 4 - reflexionar

Los pasos micro actuables requerirán cambios semanales, porque tu vida semanal es dinámica. Si bien muchas de las grandes medidas que se pueden tomar son claras y requieren un compromiso más largo, las que manejamos a diario cambiarán según las circunstancias. Digamos que quieres ahorrar $20,000 USD en un año; no puedes hacer mucho al respecto inmediatamente. Sin embargo, puedes concentrarte en ganar $500 USD a la semana, lo que en última instancia te llevaría a ahorrar $20,000 USD en un año.

Si te enfocas en ahorrar $500 USD a la semana, habrá tareas diarias y semanales que tendrás que realizar para lograrlo. Por ejemplo, es posible que necesites aumentar tu productividad en el día a día, y debes anotar tus pasos accionables para las pequeñas metas semanales que te has fijado, que en última instancia conducen a una meta más grande. Toma cada semana para revisar tus metas y cambiarlas para asegurarte de permanecer en el camino correcto.

Paso 5 - acoplar

El paso final y el más crucial, una vez que hayas completado tu "vaciado de cerebro", hayas organizado tus pasos de acción y tengas un plan semanal, todo lo que te queda es tomar acciones concretas. Mantén una lista semanal de los pasos de acción a realizar. Esto despejará tu cerebro, porque no se verá afectado por cosas que no son factibles, y puedes concentrarte al 100% en las acciones que sí afectan tu vida. Programa revisiones semanales y agrega nuevas acciones a medida que tus proyectos cambian, pero recuerda reevaluar y dar un paso atrás cada 2-3 meses en caso de que tengas nuevas prioridades y ocupaciones. Esto te asegurará que siempre estará en la cima de tu vida, y que estarás completamente organizado en la forma en que trabajas en tu productividad.

Lograr más con la técnica pomodoro

¿Te agotas en el trabajo haciendo una tarea de 30 minutos, y terminas cayendo en las redes sociales? ¿Tal vez haces de 2 a 3 tareas en un solo tirón de energía y ya has tenido suficiente? ¿Quieres morir cuando tu jefe se enfoca en que hagas varias cosas a la vez y parece que no puedes hacer ni una? Muchas personas comienzan a tomar píldoras de "enfoque" y terminan siendo adictas a los medicamentos recetados.

Incluso aquellos que trabajan desde casa, luchan con la productividad. ¡Todos hemos pasado por eso! En el momento en que tienes que trabajar, de repente también tienes que ducharte, tomar una taza de café, escuchar esa nueva canción, limpiar tu cuarto sucio; cualquier cosa para evitar hacer el trabajo. Realmente creemos que debemos hacer esas cosas, pero en el fondo sabemos que lo que estamos haciendo es procrastinar. Si eres perfeccionista, tendrás que luchar contra esto aún más, porque subes los estándares, y te lleva horas empezar a hacer algo y aun así, terminas con una producción mínima al final del día.

¿Cómo lo superas? La respuesta: divide tu día en pomodoros, con pequeñas pausas entre ellos.

El cerebro tiene una capacidad limitada. No puede concentrarse en una sola tarea durante todo un día, y requiere descansos periódicos. Desafortunadamente, la mayoría cree que, para tener éxito, tienen que hacer una temporada de 8 horas de trabajo sin parar durante la jornada laboral. Esta es la razón por la que la sociedad moderna es adicta a las píldoras recetadas que alteran nuestra química cerebral, e incluso los estudiantes están tomando Adderall para concentrarse más. Dado que alterar la química del cerebro no es saludable, la manera correcta es tener en cuenta los deseos naturales del cerebro de relajarse después de concentrarse, y planificar un día productivo con anticipación, anticipando el equilibrio entre el trabajo y la pausa. Es totalmente posible crear tu propio horario que te permita concentrarse en tareas pequeñas durante 45 minutos y luego tomar descansos entre sesiones para evitar el agotamiento. La técnica que se centra en ser productivo durante un cierto tiempo y luego seguir con una pausa periódica es la "técnica pomodoro".

Pomodoro: sesiones de trabajo de 25 minutos para el éxito

Fuerza mental

La técnica pomodoro es una famosa técnica de productividad iniciada por Francesco Cirillo, un chef italiano que descubrió que observando su reloj durante 25 minutos y luego tomando un descanso, era capaz de cocinar más y hacer mejores comidas para su restaurante. Tenía un reloj de cocina con forma de tomate con el que solía trabajar.

Cirillo dividió sus sesiones en fracciones de trabajo de 25 minutos que él llamaba "pomodoros", cada una seguida de un breve descanso (de 3 a 5 minutos) para relajarse. Se manejó de esta manera durante todo un día, y una vez que completó 4 pomodoros, se tomó un descanso más largo de 30 minutos.

La técnica pomodoro es una técnica que optimiza el cerebro para la producción de trabajo, pero luego lo relaja para evitar el agotamiento. Esto sigue un ciclo natural que responde a nuestra naturaleza evolutiva. Cuando solíamos cazar en el desierto, hace millones de años, normalmente encontrábamos un animal, luchábamos por matarlo, y luego nos tomábamos un descanso. No anduvimos por ahí con lanzas 24 horas al día, 7 días a la semana. Nuestro cerebro tiene que recibir pausas periódicas para preservar la claridad y la cordura. Lo ideal es que esos descansos se realicen de 5 minutos cada 25 minutos de trabajo, y un0de 30 después de 4 pomodoros exitosos.

Cómo funciona pomodoro: un día normal

La manera más fácil de imaginar un día normal en la técnica pomodoro es dividir el día en 4 o 5 pomodoros completos (2 horas cada uno) que se dividen; un pomodoro completo es de 2 horas, porque se divide en 4 mini pomodoros de 25 minutos. Una vez que hayas hecho 6 pomodoros completos, considera tu día de trabajo un éxito. Cuatro pomodoros completos corresponden a una jornada laboral media de 8 horas.

Por ejemplo, comienza con un mini pomodoro al despertar. Tómate 25 minutos para trabajar, luego 5 minutos de descanso y repítelo 3 veces más. Esto te tomará un total de 2 horas. Una vez que termines, borra un pomodoro completo de tu lista. Descansa 30 minutos, toma un poco de aire, escucha una canción y haz lo contrario de lo que hiciste: desconectar.

Cuando trabajas, debes estar 100% comprometido con la tarea para lograr la máxima productividad, pero una vez que estás en descanso, haz lo contrario y permite que tu cerebro se recupere sin añadirle presión. Una vez que hayas hecho tu primer pomodoro y te hayas tomado un descanso más largo de 30 minutos, repite el proceso 2 o 3 veces más antes de parar a almorzar. Tendrás, efectivamente, 3-4 pomodoros completos para la hora del almuerzo; esto son 6 duras horas de trabajo por la mañana. A la hora del almuerzo, tómate una hora de descanso para recuperarte por completo. A continuación, haz 2 pomodoros más; esto optimizará tu día para, al menos, 8 horas de trabajo. Si deseas trabajar 10 horas al día, o incluso 15, puedes añadir 2-3 pomodoros adicionales.

Las 4 reglas de pomodoro

1. Las actividades no deben requerir más de 4 pomodoros

Si una actividad requiere más de 4 pomodoros (es decir, más de 8 horas de trabajo), debes dividirla en pequeños pasos. Por ejemplo, si tienes que hacer una presentación en PowerPoint con 50 diapositivas y 10 diapositivas te llevará alrededor de 2 horas, debes dividir esa actividad en 4 pomodoros completos. De esta manera, completarás la mitad de las diapositivas en 2 pomodoros completos. No puedes introducir más trabajo en un pomodoro, ya que esto va en contra de las reglas; una vez que hayan pasado los 25 minutos, debes tomar un descanso de 5 minutos o de 30 minutos cuando corresponda. Todas las tareas grandes, que requieren más tiempo del que se da, deben dividirse en pequeños pomodoros de 25 minutos. Averigua con antelación cuánto tiempo requerirán tus actividades para optimizar tus pomodoros.

2. Los pomodoros deben ser protegidos de las interrupciones

Todas las interrupciones internas y externas deben ser eliminadas, para que un pomodoro sea considerado legítimo. No puedes trabajar durante 15 minutos y luego navegar por Facebook o hablar con un colega en el trabajo. De forma óptima, debes estar concentrado al 100% durante el pomodoro, y estar en un entorno que fomente la productividad. Prepara tu entorno minimizando el desorden, eliminando elementos innecesarios y distanciándote de las influencias que te distraen del trabajo, ya sea Internet, personas o cualquier otra distracción. Concéntrate durante el pomodoro para proteger tu productividad.

3. En el método pomodoro, las revisiones cuentan como trabajo

Se permite recapitular y revisar el trabajo durante un pomodoro, porque esto se relaciona directamente con la productividad. Ejemplo: si eres chef en un restaurante y estás al final del día laboral, necesitas tomarte un tiempo para escribir los ingredientes que tienes que comprar para el día siguiente, cuánto necesitas de cada uno, cuántos pasteles necesitas hornear y demás. Te ayuda a organizar el día, y además se contabiliza en la productividad, y puede medirse con un solo pomodoro. Si recapitulas y revisas tu trabajo, también se considera trabajo, bajo las reglas de pomodoro.

4. Optimizar pomodoros para los objetivos personales

Optimiza tus pomodoros para tomar acciones que generen valor. En esencia, el único momento en que obtenemos valor es cuando producimos valor a cambio; significa que, para ganar más dinero y ser ascendido en el trabajo, debes aumentar la calidad de tu producción. ¿Cómo se hace eso? Centrando toda tu atención en las pequeñas tareas que te permiten aumentar tu rendimiento. La mayoría de las personas pasan entre el 30% y el 40% de su jornada laboral trabajando, y el resto lo dedican a distraerse o a no hacer nada en absoluto. Si solo optimizas tu jornada laboral para trabajar al 80% de tu capacidad con el tiempo dado, puedes duplicar tu productividad y aumentar tus ingresos por un margen enorme.

Cuatros hábitos productivos del método "de Zen ha hecho"

¿Tienes dificultades para mantener tus hábitos cotidianos? ¿Retrasas tus hábitos "productivos" indefinidamente y terminas haciendo la mitad de lo que se supone que debes hacer? Organizarte puede ser agotador y confuso, porque estamos abrumados por las influencias del mundo externo, y es difícil desentenderse y concentrarse en lo que es realmente importante. Nos bombardean con estímulos en los medios sociales que nos animan a ir por el camino de la menor resistencia, e incluso lo contrario es cierto: los hábitos de productividad pueden atascar nuestra mente, porque hay demasiado de ellos y no sabemos cuál es el mejor o por dónde empezar. El método "de Zen ha hecho" es el método de productividad más simplificado y minimalista que optimiza la productividad en 4 hábitos básicos que se realizan en el día a día. Este método fue desarrollado por Leo Babauta de "Hábitos Zen" para descomponer un día en hábitos paso a paso basados en objetivos individuales.

El elemento humano de la productividad

Hay un elemento humano en la productividad: no podemos funcionar como robots que trabajan durante 30-40 minutos y luego se apagan constantemente. En realidad, a menudo experimentamos picos y descensos de productividad, sentimos una oleada de energía y después una disminución. Algunos días estamos en la cima del mundo y podemos trabajar sin parar, y otros nos quedamos sin energía y parece que no podemos hacer nada. La pregunta es: ¿cómo ganamos consistencia? Si el elemento humano nos impide actuar de la misma manera todos los días y las técnicas populares no pueden trabajar con consistencia, ¿cuál es el enfoque correcto?

El enfoque ZTD tiene en cuenta el elemento humano al centrarse en patrones de comportamiento amplios. ZTD se enfoca en comportamientos que pueden ser replicados diariamente, independientemente del estado de ánimo o los niveles de energía. El método ZTD comienza analizando tus planes más amplios, trazando efectivamente metas a largo y corto plazo, y luego enfocándose en programar pasos de acción que puedes hacer diariamente para obtener los resultados que buscas.

Los 4 hábitos del método "de Zen ha hecho"

El método *Zen to done* original incluía 10 hábitos, pero el ZTD minimalista (que es el más popular) se compone de 4 hábitos básicos:

Hábito ZTD #1: recolectar

La técnica de ZTD se centra en dejar salir todas las ideas en una sola hoja de papel: haciendo un vaciado de cerebro escribiendo todo lo que tienes en mente. Si te quedan ideas de negocios por realizar, escríbelas. Si tienes cosas que te gustaría mejorar, como tu salud o malos hábitos, escríbelas todas. No debería haber ninguna diferencia entre dejar de fumar y comenzar un negocio; ambos son pasos de acción que debes tomar y anotar. Toma un pedazo de papel o abre una nota en tu computadora y escribe todas tus metas y cosas que planeas hacer este año.

Dedica una página a tus metas y otra a los planes de acción que necesitarás para alcanzarlas. Tómate tu tiempo, ya que el primer hábito es el más importante: puede que te lleve horas recordar todas las cosas que has querido hacer y las que te molestan a diario. Si eres pobre y quieres tomar medidas para hacerte rico, escríbelo. Si no estás en forma y planeas ponerte en forma, escríbelo. Si eres adicto a una sustancia y quieres dejar de fumar, anota eso. Anota todo.

Consejo profesional: para encontrar lo que hay que escribir, sal a caminar tarde por la noche y deja que tu mente se relaje. Ponte música y deja que los pensamientos entren en tu cabeza de forma natural. Una vez que los tengas, escríbelos en el teléfono. Esto es mejor que forzar a tu cerebro a hacer cosas mientras estás encerrado en casa.

Hábito #2 de ZTD: proceso

Una vez que hayas escrito todo , es hora de convertir tus pensamientos en pasos de acción diarios que puedas seguir. Ejemplo: si tu objetivo es perder 12 kilos, es probable que tengas que tomar múltiples medidas: hacer ejercicio, reemplazar tu nutrición, beber más agua, desestresarte, etc. Para lograr todas esas cosas a la vez, tendrás que escribir lo que tendrías que hacer en un día normal. Tal vez tengas que levantarse más temprano para hacer ejercicio por la mañana; escribe eso. Tal vez tienes que comprar ropa de gimnasio y aprender a cocinar alimentos saludables; anota eso. Por la noche, si planeas correr y levantar pesas en el gimnasio, escríbelo. En esencia, tienes que escribir los nuevos hábitos que se requieren de ti cada día con el fin de lograr tus objetivos a largo plazo.

Hábito #3 de ZTD: planificar

Una vez que hayas escrito tus planes de acción diarios y tus nuevos hábitos, es importante que revises tus planes de acción basándote en las cosas que has logrado. Lo que planeamos y lo que hacemos en la vida real es muy diferente. Por ejemplo, podemos planear correr durante 30 minutos a la noche, pero nuestros niveles de energía bajan después de 10 minutos cuando realmente lo intentamos. Es por eso por lo que tenemos que optimizar para aumentar progresivamente el ejercicio haciendo 5 minutos más cada semana. De esta manera, en 4 semanas podremos lograr una carrera de 30 minutos, una vez que nuestra condición física mejore. La misma práctica se aplica a la productividad en el trabajo: aumenta progresivamente tu carga de trabajo y actualiza tus planes de acción en función de tu rendimiento.

Hábito ZTD #4: hacer

Una vez que hayas planeado todo, ¡hazlo, hazlo, hazlo! Todo se reduce a la acción. Te has quitado el desorden de la cabeza, has escrito tus metas y ahora tienes que tomar las acciones que producen los resultados. Empieza por programar cuándo vas a realizar una determinada acción en función de la hora. Ejemplo: pon tu despertador a las 5 AM y levántate temprano para trabajar. Fija los hitos que deseas alcanzar para el mediodía. Actualiza tus logros todos los días y edita tus planes de acción en consecuencia. Una vez que estés realmente comprometido con tus tareas diarias, te tomarás consciencia, en términos de la cantidad de trabajo que puedes asumir y aumentar tu rendimiento progresivamente con el fin de mejorar la producción.

¿Cómo llevar un registro de la productividad?

La computadora. Anota tus tareas diarias y semanales en una lista en la computadora. Es ideal si estás trabajando desde casa, o si dependes de ella para trabajar. Puedes editar tus planes de acuerdo con los cambios. Muchas veces, necesitamos alterar nuestras metas una vez que alcanzamos los hitos, y tu plan de acción requerirá una edición constante. La computadora es el mejor lugar para hacer esto.

Aplicaciones para *smartphones*. Encuentra una aplicación de notas que te permita escribir tus pasos de acción, o una que tenga recordatorios diarios en caso de que se te olvide algo. Utiliza el despertador para recordarte cuándo debes hacer algo determinado. Si corres a las 10 PM cada noche, ponte un despertador a las 9:30 PM. De esta manera, tienes 30 minutos para prepararte para la carrera, tanto física como mentalmente.

La técnica de consistencia de no romper la cadena"

¿Te las arreglas para mantenerte en el buen camino con un objetivo y mantener el hábito durante un mes, tres meses o incluso medio año, pero luego tu rendimiento es insatisfactorio? ¿Tienes dificultades para aumentar tu producción anual y estás atascado en el mismo nivel salarial hace años, cuando sabes lo que necesitas hacer para aumentar tus ingresos? ¿Te preguntas por qué te pasa esto mientras tus conocidos progresan?

La respuesta es simple: no estás haciendo lo suficiente. Incluso si eres constante, lo más probable es que estés perdiendo un día o dos cada semana, y no estés maximizando tu tiempo para obtener una mejor productividad. La consistencia es un problema gigantesco para las personas que intentan reinventarse a sí mismas. A pesar del "empuje" inicial, nuestra biología finalmente nos intenta atar a la estabilidad. A menos que asumamos nuestros nuevos hábitos como parte de nuestra identidad, eventualmente regresaremos a nuestra antigua forma de vida. El mayor problema es cuando pensamos que somos consistentes pero terminamos perdiendo días que podríamos usar productivamente. ¿Cómo no romper la cadena de productividad? Usando todos los días.

Solución #1: Usar todos los días del año

Reevalúa tus días libres: incluso si te estás matando en el trabajo y estás satisfecho con tu rendimiento diario, deberías ser consciente del tiempo perdido. Permite haber mantenido tu hábito de trabajo por un año; has estado trabajando por tu sueño pero todavía no has logrado tu meta deseada. La solución: trabajar todos los días del año. Nos dan 365 días al año. Si trabajas 5 días a la semana, puedes pensar que eres consistente, pero aléjate y toma una perspectiva a gran escala; estás perdiendo 8 días al mes o casi 100 días al año. Los fines de semana perdidos se acumulan, y una vez que pierdes de 8 a 10 días al mes debido a días de descanso y festivos, te estás robando a ti mismo más de 100 días que podrías haber pasado trabajando y aumentando tu productividad. Eso es casi un tercio del año desperdiciado.

Solución #2: trabaja como si te estuvieran auditando

Si deseas aumentar tu productividad en el día a día, implementa este truco: trabaja como si te estuvieran auditando. Éste es un enorme hábito mental que entrena tu cerebro para utilizar cada minuto para mejorar la productividad. La mayoría de la gente trabaja de 2 a 3 horas en una jornada laboral media de 8 horas; el resto se lo pasa navegando por Internet, hablando con colegas, sentados en la sala de estar o sin hacer nada. Si tu trabajo depende únicamente de la producción, es decir, tus ingresos se miden en función de lo que produces y no del tiempo empleado, debes utilizar esta técnica para producir más en el tiempo indicado.

Ejemplo: echa un vistazo a tu día. Si alguien audita tu día de la misma manera que audita sus finanzas, ¿qué descubrirá? ¿Has pasado cada minuto de tu día laboral trabajando, o has holgazaneado en Internet? ¿Has tomado descansos más largos que las sesiones de trabajo? Identifica tu problema y arréglalo inmediatamente. Si aplica una auditoría rígida y exhaustiva a tu rendimiento diario, descubrirás áreas en las que necesitas mejorar y duplicar tu productividad.

El método de "no romper la cadena"

Éste es un método fiable para no romper la consistencia y hacer uso de todos los días del año; es para los personajes más difíciles, que quieren hacer un gran cambio en su vida y asumir una identidad completamente nueva que los remodela y los prepara para el futuro. El método fue popularizado por el comediante Jerry Seinfeld, uno de los hombres más importantes de la comedia y la televisión. El Sr. Seinfeld luchó con consistencia mientras su trabajo le ordenaba que actuara frente a la audiencia semanalmente, e inventó un truco que le ayudó a ser productivo todos los días del año.

Cómo funciona: toma un calendario anual, y marca los días que has trabajado con una X gigante. Pronto te darás cuenta de que si te tomas los fines de semana libres, casi una cuarta parte de los días de cada mes quedarán sin marcar. Comienza a marcar los que hayas pasado trabajando y solo marca con una "X" los que sí has completado con éxito todas las tareas del día. De esta manera, te sentirás inclinado a aumentar tu productividad en los días libres y a prepararte para la consistencia mes a mes. Este método es la elevación final de la productividad, porque está diseñado para personas que quieren hacer que cada día cuente y están listas para sumergirse completamente. Si te estás esforzando activamente y la productividad se convierte en una rutina, puedes utilizar este método para implementar una cadena de productividad que te dará lo que deseas: un salario más alto, mejor salud y condición física, más éxito en los negocios, relaciones saludables, etc.

Cuatro claves respaldadas por la ciencia para aumentar la productividad

Los estudios universitarios y los centros de investigación han llevado a cabo estudios que relacionan ciertas actividades con la productividad. Hacer ejercicio, dormir mejor y caminar se relacionan con un aumento significativo de la productividad y lo mismo puede afectar la fuerza de voluntad en proporciones significativas.

¿Recuerdas el dicho "lo que comes es lo que eres? En esencia, lo que consumimos y cómo tratamos nuestro cuerpo se refleja en nuestro desempeño mental. Si proporcionamos a nuestro cuerpo los nutrientes adecuados y el ejercicio físico que necesita, nos dará claridad mental y un mayor rendimiento en el trabajo. Para iniciar un proceso que cambie tu vida, debes comenzar por optimizar tu salud y luego aplicar los numerosos hábitos de productividad que existen. Los siguientes estudios científicos demuestran que algunas actividades están relacionadas con el aumento de la productividad:

1. El ejercicio mejora la productividad

El estudio más grande que correlacionó el ejercicio con la productividad se llevó a cabo en la Universidad de Bristol en el Reino Unido. La universidad tomó 200 empleados y les asignó días con y sin ejercicio. Observaron el comportamiento de cada individuo en ambos días y analizaron cómo fue su desempeño. Después de analizar a los participantes, se calcularon sus resultados, y el resultado fue:

- 21% de aumento de la concentración.
- 22% de aumento en los trabajos terminados a tiempo.
- 25% más de capacidad para trabajar sin descansos.
- 41% de aumento de la motivación para trabajar.

¿Por qué el ejercicio está ligado a la productividad? El acto de hacer ejercicio no es una píldora mágica, sino que la mente refleja la condición del cuerpo. Evolucionamos para vivir en la naturaleza, y en la prehistoria, la mayoría estaba en forma porque teníamos que buscar comida y pasábamos los días al aire libre. Si estamos en forma, dormimos menos, nos concentramos más y nos sentimos más motivados. Si no estamos en forma, experimentamos constantes cambios de humor, falta de motivación/enfoque e incapacidad para ser constantes en el trabajo.

Ésta es la razón por la que mejorar tu condición física puede tener un impacto dramático en tu rendimiento en el trabajo. Este estudio determinó que el ejercicio en sí mismo aumenta la productividad casi un 25%. Si se tiene en cuenta que el estudio se llevó a cabo con personas con poca o ninguna experiencia previa en el ejercicio, es certero decir que las personas que hacen del ejercicio físico un hábito diario podrán realizar tareas mentales con un 50-100% más de capacidad que las personas que no hacen ejercicio en absoluto.

La Universidad de Stanford llevó a cabo un estudio que demostró el beneficio de caminar para la generación de ideas. Dos profesores de investigación analizaron a personas que estaban sentadas y a otras que caminaban y los efectos sobre la productividad y la generación de ideas. El estudio descubrió que las personas que caminan diariamente experimentan un aumento del 60% en respuestas únicas a los estímulos y generan más ideas originales.

2. El sueño mejora la productividad

Si te privas del sueño, es probable que te desempeñes peor en el trabajo y experimentes una baja capacidad de atención, en comparación con las personas que duermen una noche completa. La cantidad mínima de sueño es de 8 horas por noche; es lo óptimo, ya que nos permite recargarnos. El sueño aumenta el rendimiento, el estado de alerta y repone nuestra energía. Hubo dos estudios notables que demuestran que el sueño puede aumentar la productividad.

El estudio más grande del American College of Occupational and Environmental Medicine determinó que los empleados de la universidad que sufrían de insomnio tardaban tres veces más en completar tareas, en comparación con los empleados que dormían toda la noche. Se descubrió que los empleados que sufrían de falta de sueño estaban menos motivados para realizar tareas, experimentaban una grave falta de concentración y tenían problemas para recordar cosas. El sueño está ligado a todo el rendimiento mental: resistencia, concentración y consistencia. Si no dormimos lo suficiente, estamos disminuyendo nuestras capacidades de rendimiento por un margen significativo.

Varn Bexter y Steve Kroll Smith realizaron un estudio científico en un ambiente corporativo que analizó el efecto de dormir siestas. Los empleados que dormían siestas poderosas en el trabajo estaban más atentos a sus tareas y experimentaban aumentos en la productividad. Los empleadores están animando a sus trabajadores a tomar siestas en el trabajo para aumentar su rendimiento.

3. La música aumenta la productividad

La música está ligada a un creciente estímulo positivo en el cerebro y a la generación de ideas. Un estudio realizado en la Universidad de Miami determinó que las personas que escuchan música en el trabajo tienden a generar resultados más rápidos, mejores ideas y tienen un estado de ánimo positivo en comparación con las personas que no lo hacen. La música apropiada puede variar, ya que ciertas canciones pueden distraer, y si usas la música para aumentar tu productividad debes tener cuidado al elegir un disco que mejore tu estado de ánimo sin distraerte del trabajo en cuestión.

4. Las oficinas ecológicas aumentan la productividad

Recientemente, un estudio de la Universidad de Exeter en Inglaterra analizó el impacto que tienen las plantas sobre los empleados en el espacio de trabajo. El estudio se dividió en dos grupos: uno trabajaba en oficinas sin plantas y el otro en oficinas con plantas. El estudio determinó que las personas que trabajan rodeadas de plantas experimentan un aumento del 15% en la productividad y reducen los niveles de estrés. Los seres humanos evolucionaron para vivir en los bosques a medida que los árboles nos proporcionaban sombra natural. No es de extrañar que la mayoría de nosotros nos sintamos en paz cuando estamos rodeados de plantas.

Capítulo 5 - Planificación para el éxito diario

Seis rutinas matutinas para comenzar el día de la mejor manera

¿Sientes altibajos en tu productividad? Un día te despiertas productivo y listo para trabajar, y otro día te sientes lento y sin ganas de trabajar. ¿Alguna vez te has preguntado por qué la mañana es la parte más difícil del día para trabajar? La mañana marca la pauta de la productividad: si comienzas siendo productivo temprano en la mañana, es probable que mantengas tu productividad durante todo el día. Si empiezas sintiéndote perezoso, lo más probable es que no hagas nada en todo el día.

Las mañanas son perjudiciales para el éxito, porque las primeras 3 horas de la mañana es cuando la energía mental alcanza su punto máximo. Las primeras 2-3 horas al despertar es cuando experimentamos la máxima claridad mental. Es por eso por lo que debes establecer la modalidad del tu día en las primeras ¡3 horas! Si pierdes este corto período de tiempo, sentirás que la energía mental decae a lo largo del día y tu productividad será nula. Las mañanas marcan la pauta de lo que hacemos durante el día, mientras que las tardes solo nos preparan para el día siguiente, lo que nos lleva a la pregunta: ¿cómo sentirse motivado por la mañana constantemente? La solución es crear hábitos matutinos que aumentan la productividad. Los siguientes hábitos pueden duplicar tu productividad y pueden implementarse inmediatamente al despertar.

1. Despertar a las 5 AM

Despertarse temprano es un ritual que duplicará o triplicará tu productividad. El tiempo que pierdes cuando te despiertas tarde, o incluso a horas normales, pueden ser asignadas para hacer la tarea más difícil, que te liberará de estrés por el resto del día, y podrás "recablear" tu cerebro para la productividad del resto de la mañana. La mayoría de la gente se despierta a las 8 o a las 9 AM; algunas personas incluso se despiertan a las 10 AM o más tarde. Para tener éxito, debes despertarte por lo menos 2-3 horas antes que los demás. Pon tu despertador a las 5 AM o incluso a las 4 AM y empieza a trabajar temprano en la madrugada. Una rutina así te dará de 2 a 3 horas de ventaja para realizar la tarea más importante del día.

Recuerda que la mente tiene su mayor claridad dentro de las primeras 3 horas de la mañana. Si usas esas horas antes de las de trabajo reales, puedes hacer la tarea más difícil del día antes de todos despierten. Esto te da una ventaja sobre todos los demás, porque está utilizando el exceso de horas para aumentar tu productividad y puedes asignarlas a la aptitud física u otros ejercicios mentales como la meditación. Si estás acostumbrado a despertarte tarde, esta tarea será desmotivante, pero el cuerpo se ajustará al nuevo hábito en tan solo 1 o 2 semanas. Despertarse temprano no funcionará a menos que te vayas a la cama temprano, así que adelanta la hora de acostarte. Si te acuestas a medianoche y te despiertas a las 7 de la mañana, acuéstate a las 10 de la noche y despiértate a las 5 de la mañana. De esta manera, descansarás toda la noche y podrás empezar a trabajar en las primeras horas de la mañana.

2. Bebe una botella de agua

El agua aumenta la energía en mayor medida que el café. La mayoría de la gente no se da cuenta de los efectos que tiene el agua en los niveles de energía. A todos nos dicen que la hidratación nos mantiene sanos, pero nunca prestamos atención al aumento de la energía que produce. Nuestros cuerpos fueron diseñados para consumir agua, y es por eso por lo que podemos pasar hasta 40 días sin comer si bebemos agua. ¿Pero sin agua? Solo durarías una semana.

El agua es la sustancia más esencial para los órganos internos, y puede aumentar los niveles de energía de una persona por un margen del 100%. Si te despiertas sintiendo poca energía y optas por el café, acompáñalo con una botella de agua. El cuerpo es muy lento por la mañana porque se está despertando, pero cuando le das agua, ésta se asigna rápidamente a las partes más necesarias: el torrente sanguíneo, la piel, el cerebro, los músculos.

El agua acelera el flujo sanguíneo, lo que da una sensación de energía. Mantenerse hidratado por la mañana también le da a la piel un aspecto fresco en lugar de uno seco. Incluso se ha comprobado que el agua aumenta el deseo sexual en la mañana al aumentar el flujo sanguíneo a nuestros órganos reproductivos. El cuerpo se adapta a tu consumo individual de agua: si solo hoy bebes una botella grande por la mañana, probablemente tendrás que ir al baño varias veces ese día. Sin embargo, una vez que el cuerpo se acostumbra a consumir 3 o 4 botellas grandes al día, no tendrás casi inclinación a eliminarla. El consumo de agua es un hábito que vigoriza la piel, le da energía y proporciona a los órganos internos la nutrición que necesitan.

3. Limita el tiempo de los correos electrónicos

Admítelo: lo primero que hiciste al despertarte es revisar tu teléfono para ver si había notificaciones y correos electrónicos. Si trabajas en los Estados Unidos, es probable que tu bandeja de entrada esté llena todos los días. Si pierdes un día de revisar los correos electrónicos, es posible que te retrases en tu agenda, lo que te vuelve paranoico por revisarlo varias veces al día. Los correos electrónicos son asesinos de la productividad, porque nos distraen de nuestra tarea principal de la mañana. Los correos electrónicos de la mañana nos hacen pensar que tenemos 20 tareas diferentes que realizar, pero en el fondo sabemos qué tarea del día es la más importante que nos hará avanzar. Ésta es la razón por la que debes limitar el tiempo que pasas mirando tus correos electrónicos, y solo revisar la bandeja de entrada una vez para luego ir a trabajar inmediatamente.

Si dedicas más tiempo a tus correos electrónicos, te concentrarás en las tareas que se supone que debes hacer en el futuro, lo que te distraerá aún más de tus objetivos diarios. Échales un vistazo por la mañana para asegurarte de que no hay nada urgente. Si las cosas parecen normales, no lo mires hasta la última hora del día, y concéntrate en el trabajo.

4. No desayunar

Contrariamente a la creencia popular, el desayuno no es la comida más importante del día. De hecho, el desayuno es el mayor asesino de la productividad para la mayoría de las personas. Reemplaza tu desayuno con una taza de café o una botella de agua para permitir que tu cuerpo "active" los órganos internos proporcionándoles la hidratación esencial. De esta manera, el cuerpo puede activarse internamente y eliminar los desechos que se acumularon el día anterior por el consumo de alimentos.

Si comienzas el día ingiriendo alimentos, cargarás tu cuerpo con cosas que no necesita y disminuirás tus niveles de energía, porque optaste por la comida en lugar del agua. Casi todas las opciones de desayuno en el mundo moderno contienen carbohidratos altos: pan, panqueques, cereales, bagels y otras variaciones de los desayunos pesados. Esto te llena temporalmente, pero luego tu energía cae al mediodía. Si quieres matar tu energía a propósito, elige tomar un desayuno pesado. A media tarde, comenzarás a "sentir sueño" y querrás tomar una siesta a mitad del día laboral.

Consejo profesional: cuando te apetezca dormir al mediodía, ésa será tu nutrición para el trabajo. El desayuno que consumiste está matando lentamente tu energía interna y reduciendo a la mitad tus niveles de azúcar; es por eso por lo que tienes sueño.

Para evitar una fuerte disminución de energía, evita el desayuno y reemplázalo por una botella grande de agua y una taza de café, lo que te dará la misma energía que desayunar, pero tus niveles de energía no bajarán al mediodía. Tampoco sentirás esa sensación de "panza gorda", pero vaciarás el estómago y lo prepararás para el almuerzo, cuando ya podrás consumir alimentos con alto contenido de nutrientes. Si es absolutamente necesario desayunar, toma un desayuno ligero como un plátano, una manzana o unos huevos. Evita todas las formas de pastelería y alimentos azucarados, ya que son los que más energía matan.

5. Haz la tarea más grande en las primeras 3 horas

Cuando te despiertes, sabrás qué tarea requerirá de más energía y esfuerzo; ésa es tu tarea principal del día. Éste es el consejo de productividad más importante para las personas que tienen dificultades para hacer las cosas: haz esa tarea primero, y todo lo demás parecerá liviano. Comienza a trabajar en tu tarea principal en el momento en que te despiertes. De esta manera, tu cerebro obtendrá la prueba que necesita de que la tarea más difícil ya está bajo control, y la llevarás a cabo en unas pocas horas. Trata de completar la tarea en 2-3 horas, porque esas horas son las más prolíficas de la mañana. La primera hora al despertar es la más propicia para centrarse, porque el cerebro tiene una claridad mental máxima, la cual disminuye progresivamente a lo largo del día. Comienza haciendo la tarea más difícil del día.

La mayoría de las personas comienzan haciendo tareas ligeras que no requieren mucho esfuerzo. Es un gran error, porque hacen un trabajo descuidado en las primeras tareas y luego, una vez que reúnen el valor para hacer la gran tarea, ya se han quedado sin energía mental. La manera correcta de mantenerse al tanto de tu productividad es despertarse e inmediatamente tratar el trabajo como si fuera la guerra: comenzar con el proyecto más difícil y, una vez que lo hayas terminado, concentrarse en los proyectos más pequeños y menos importantes.

6. Pon un reloj frente a ti

Si tienes problemas para empezar un proyecto y te toma mucho tiempo, pon un reloj en tu escritorio. Coloca un reloj en la parte inferior derecha del escritorio de tu computadora, un reloj en el teléfono o uno físico; cualquiera es suficiente. Si te recuerdas el tiempo con frecuencia, te darás cuenta de lo rápido que pasa, lo que te inyectará un "sentido de la urgencia" que te impulsará a hacer las cosas más rápido. Colocar un reloj frente a ti también te permitirá medir cuánto tiempo tardarás en completar las tareas. De esta manera, puedes optimizar tu trabajo para completar las tareas más rápidamente.

Ejemplo: si trabajas en un centro de llamadas y llamas a los clientes para hablar por teléfono, es posible que te encuentres con que solo llamas a 5 personas por hora. Si tienes un reloj cerca de ti, esto te tentará a llamar a más y terminarás haciendo más llamadas y cerrando más ventas. Cuanto más consciente del tiempo eres, más te das cuenta de cómo pasa. Desarrollar un sentido de urgencia te dará la influencia que necesitas para ser menos vacilante y tomar más medidas en el trabajo.

Cuatro rutinas nocturnas para terminar el día a la perfección

Has tenido un día exitoso, has completado todas tus grandes tareas, cerrado nuevos tratos, viajado de ida y vuelta al trabajo. ¿Qué harás por la noche? La noche es un momento para relajarse y prepararse para el día siguiente, para que sea todo un éxito. Es crítica para las rutinas que estableces y para la formación de nuevos hábitos. Este momento del día no tiene por qué ser un momento de relajación. En lugar de acostarte en la cama y ver la televisión, puedes utilizar esas horas para hacer ejercicio, lo que mejorará tu estado físico, y que, en última instancia, mejorará tus niveles de energía del día y te hace más productivo.

Las horas nocturnas son ideales para remodelar tu cuerpo y tu mente, porque estás casi sin energía, y la poca energía que te queda puede ser asignada a actividades que tengan un impacto en tu forma física y mental. ¿Cuáles son las mejores rutinas nocturnas? ¿Debería meditar, ir al gimnasio, hacer yoga, prepararme para el trabajo del día siguiente, o hacer todo eso a la vez? La respuesta es que depende de tu situación. Si te falta actividad física, asigna todas tus horas nocturnas a actividades relacionadas con el ejercicio físico. Si te falta productividad, asigna tus horas nocturnas a aumentarla. Las siguientes son las mejores rutinas nocturnas que te ayudarán a completar tu día y a prepararte para otro día productivo.

Fuerza mental

1. Establece una rutina de ejercicio

El ejercicio es para las noches, no para las mañanas. Si crees que obtienes energía del ejercicio, pregúntate a ti mismo: ¿he hecho realmente ejercicio si me siento MÁS enérgico después de él? La gimnasia consiste en agotarnos, liberar el exceso de energía corriendo, levantando pesas y haciendo ejercicios que nos lleven a los límites. El ejercicio estimula las endorfinas, el flujo sanguíneo y hace que nos veamos muy bien. Si solo hace ejercicio durante 30 días y nunca lo has hecho antes, existe la posibilidad de que te veas muy diferente. Tu mandíbula se volverá más afinada y definida, comenzarás a perder grasa y sentirás una gran energía a lo largo del día.

Si haces ejercicio por las mañanas, solo matarás tu energía, porque es la que usas para la productividad, que disminuirá a medida haces ejercicio matutino. Sin embargo, si haces ejercicio por la noche, experimentarás lo siguiente: 1) podrás sacar "todo" porque no tienes que ahorrar energía; 2) te cansarás y te dormirás más fácilmente. Si luchas por quedarte dormido, establecer una rutina de ejercicios nocturna te cansará y te hará dormir como un bebé. Si tienes mucha energía durante todo el día, es lógico que termines el día drenándote de esa energía a través del ejercicio. El momento ideal para hacer ejercicio es 1-2 horas antes de acostarse. Si tu hora de acostarte es a las 10 PM, haz ejercicio a las 8-9 PM. De esta manera, tendrás suficiente tiempo para realizarlo, ducharte y prepararte para ir a la cama.

Los mejores ejercicios nocturnos para ti son los que se adapten a tus habilidades y objetivos actuales. Si deseas perder peso rápidamente, debes optar por el HIIT, un tipo de entrenamiento a intervalos de alta intensidad. Es un método de correr al 90-100% de su capacidad lo más rápido posible. La rutina de entrenamiento promedio consiste en 10-20 de estas carreras, con pequeñas pausas entre ellas hasta que te quedes sin energía.

Si eliges un entrenamiento menos intenso, debes tratar de comenzar a trotar a larga distancia. Comienza haciendo trotes cortos de 10 minutos y luego aumenta progresivamente la distancia cada semana. Si sientes que estás a punto de desmayarte y estás perdiendo energía, detente. No te presiones demasiado en los primeros ejercicios, solo por la motivación que sientes. Tómate tu tiempo para aumentar progresivamente los ejercicios.

Si deseas aumentar de peso, debes considerar la posibilidad de obtener una membresía en un gimnasio para tener acceso al equipo pesado. El gimnasio promedio está repleto de miles de dólares en tecnología que es inaccesible para los propietarios de gimnasios domésticos. Cuanto más en forma estés, mayor será tu nivel de energía en la oficina. Esto, a su vez, se reflejará en tu productividad, porque podrás concentrarte durante más horas, la calidad de tu producción aumentará y te cansarás menos. La buena forma física también nos hace menos sensibles a las inclemencias del tiempo; si tienes frío en los meses de invierno, lo sentirás menos cuando estés en forma. Lo contrario se aplica a los climas calurosos; las personas en forma no suelen sentir calor extremo.

Consejo profesional: deja de depender de las aplicaciones de fitness para seguir tu progreso. Si confías en la tecnología, perderás contacto con la naturaleza de tu cuerpo: pensarás en términos de km, horas y calorías. ¡Olvídate de eso! Comienza a hacer ejercicio y empuja tú mismo sin tecnología, y eventualmente te familiarizarás con tus habilidades físicas. Instintivamente, sabrás cuánto puedes correr y empujarte progresivamente.

2. Medita 20 minutos

¿Te sientes incapaz de concentrarte porque todo te distrae, e incluso cuando empiezas una tarea, no puedes mantener tu atención por mucho tiempo? La solución es ¡salir de tu cabeza! Estamos naturalmente consumidos por nuestros pensamientos y esto nos distrae, porque mientras se supone que estamos trabajando, soñamos despiertos con eventos que no tienen correlación con el trabajo. ¿Cómo salimos de nuestra propia cabeza? La única manera de ser eficaz es estar presente. Si no tienes pensamientos y te sumerges en el momento presente, puedes ser más productivo, más comprometido con tu trabajo y producir resultados de mayor calidad. La práctica que enseña el arte de la presencia es la meditación. Cualquiera puede empezar a meditar en casa gratis.

Consejo: solo necesitas asignar 15-20 minutos por la noche para practicar la meditación. No tienes que meditar como un monje budista 12 horas al día para tener éxito.

El arte de la meditación puede resumirse en "no pensar". Estar aquí es sumergirse en el momento presente. Imagínate jugando al baloncesto: te concentras en tirar los aros, disfrutas pasando la pelota, te anticipas a que otros jugadores te pasen la pelota, estás completamente inmerso en el juego. Esto es lo que se conoce como "estar presente".

¿Te sientes en el momento cuando sales un viernes por la noche, bebes con tus amigos y la conversación fluye? Esto también es estar presente. Las personas consumen alcohol porque les permite salir de su cabeza y estar presentes. Sin embargo, la práctica puede ser replicada naturalmente al aprender a salirte de tu propio camino. Es más fácil de lo que piensas: empieza por sentarte en el suelo de tu habitación, preferiblemente en un lugar donde no te distraigas con ruidos y personas. Luego, participa en tu primera sesión de meditación.

Cómo funciona: pon un cronómetro de 15 o 20 minutos, dependiendo de cuánto tiempo creas que vas a durar con los ojos cerrados. Junta las manos y cierra los ojos. Ahora concéntrate en tu respiración y deja de pensar; ni siquiera pienses en no pensar, solo enfoca tu atención en la respiración. Eventualmente, comenzarás a sentir un efecto de relajación profunda. Esto generalmente sucede una vez que estás por lo menos 5 minutos en la sesión. Eventualmente estarás completamente inmerso en el momento presente, y entonces el reloj sonará. Abrirás los ojos lentamente, el mundo parecerá surrealista y lento. Así es como sabes que has logrado una sesión de meditación completamente presente. Una vez que hayas practicado la meditación consistentemente durante un mes, evocarás naturalmente tu sentimiento presente y te sentirás más seguro, porque estarás menos atascado en tu cabeza. También hay lugares de meditación conjunta y donde se puede practicar la meditación con otras personas.

3. Date una ducha fría

Las duchas frías son extremas, pero son para las personas que quieren sacar el máximo partido a su resistencia y ponerse en contacto con su naturaleza. Las duchas frías pueden hacerte más fuerte, ponerte en contacto con tu naturaleza primaria, aumentar tu resistencia y experimentar beneficios para la salud. Piensa en los viejos tiempos: la humanidad ha evolucionado durante millones de años y solo hemos tenido lluvias calientes durante los últimos cien. Sin embargo, pensamos que las duchas calientes son las predeterminadas y las frías las "extremas". La ducha fría es la forma en que nos duchamos durante la mayor parte de la historia, y es la razón por la que la práctica conlleva numerosos beneficios.

Los principales beneficios son una descarga de dopamina, la estimulación de la quema de grasa y un aumento del flujo sanguíneo. Sin embargo, en la práctica, las duchas frías tienen ciertos beneficios "invisibles" que se manifiestan a largo plazo. Dan una descarga eléctrica a su sistema nervioso y le suministran una "llamada de atención" similar a la del café por la mañana. El choque inicial hace que el sistema nervioso anhele menos sustancias radicales y puede ayudarte a dejar de fumar cigarrillos o consumir drogas. Las duchas frías reemplazan completamente la necesidad que el cuerpo tiene de estimulación externa.

Otro beneficio importante de las duchas frías es que no sientes frío en invierno, ya que te hacen resistente al frío, y casi no sientes nada cuando sales a la calle en invierno. Ciertas comunidades en Rusia practican el salto en hielo porque el frío golpea el sistema nervioso hasta el punto de sentirse inmunes al frío en la vida diaria.

Darte una ducha fría debe hacerse progresivamente. No puedes meterte en el agua fría y helada sin primero marcarte un ritmo. Tampoco debe llamar a una ducha "fría" si te duchas con agua caliente y solo abres el agua fría los últimos 5 o 10 segundos del final. Una ducha fría tiene que durar al menos de 3 a 5 minutos para ser útil. Comienza mojando tus piernas y sintiendo lentamente el agua que golpea la piel. Sentirás escalofríos en todo el cuerpo porque estás experimentando el agua fría. Luego esparce un poco de agua en las partes superiores de su cuerpo y acostúmbrate a la temperatura. Después de que te hayas aclimatado durante uno o dos minutos, date una ducha completa. Será muy chocante, pero si resistes, eventualmente te acostumbrarás.

Consejo: imagina una ducha fría como entrar a un lago. Un lago tiene agua más fría que un océano, pero una vez que estás dentro por 2-3 minutos, el frío disminuye. Lo mismo aplica a las duchas frías. Camina despacio e imagina que estás en un lago. Eventualmente, aprenderás a manejar las bajas temperaturas.

4. Lee un capítulo de un libro (sin conexión a Internet)

Ve a tu librería favorita y compra un libro que te ayude en la vida real. Puede ser un libro relacionado con el ejercicio físico, los negocios, tu profesión, o cualquier cosa sobre crecimiento personal. Consigue la versión rústica y sal de Internet. De esta manera, podrás comprometerte completamente con el libro. Si no es demasiado grande, trata de leer un capítulo por día. Al consumir la información correcta, mejorarás tu vida y añadirás una sensación de "realización" una vez que hayas leído un capítulo completo cada noche. Esto también te ayudará a quedarte dormido de forma natural, si tienes dificultades para descansar. Es mejor leer las ediciones en papel, porque la mayoría de las *tablets* y computadora tienen luz que irradia en los ojos, lo que es perjudicial, especialmente al leer con las luces apagadas.

Consume estos 3 alimentos para tener un cerebro productivo

¿Sientes la cabeza nublada y somnolienta después de desayunar? ¿Te sientes cansado por la tarde y quieres desmayarse en la silla de la oficina? ¿Te resulta difícil levantarte de la cama, trabajar muchas horas, hacer ejercicio o hacer algo difícil? Esto no se debe a la falta de motivación, sino a que el cerebro reacciona a la nutrición. El cerebro consume el 20% de toda la nutrición (calorías) que entra en el cuerpo, lo que significa que la calidad de los alimentos se refleja directamente en la calidad de su funcionamiento. Si alguna vez te has preguntado por qué los alimentos "orgánicos" son más caros que los producidos en masa, la diferencia se debe a la calidad de los nutrientes.

La nutrición no se trata de cuán brillantes son tus abdominales 6-*pack*: se trata de la claridad de tu estado mental, la consistencia de tu enfoque y la productividad que deja al final de cada día. Todos ellos están controlados por una sola cosa: tu ingesta de alimentos. Si a tu cuerpo le das los alimentos correctos, tu cerebro se registrará y funcionará a un nivel más alto. Te permitirá trabajar más duro, te proporcionará un enfoque más largo y te permitirá realizar las tareas que te resulten difíciles.

Si consumes los alimentos adecuados, podrás desempeñarte a niveles sobrehumanos. Trabajarás en turnos de 10 horas fácilmente, correrás más kilómetros sin agotarte, pensarás con claridad y te sentirás más seguro. La gente afirma que su "neblina cerebral" desaparece una vez que empiezan a consumir los alimentos adecuados. Hay muchos alimentos que afectan positivamente al cerebro, pero los que se enumeran a continuación son los que marcan la mayor diferencia. Si deseas aumentar inmediatamente tu rendimiento para sentir una mayor energía y un enfoque duradero, concéntrate en los alimentos que se indican a continuación.

1) Verdes: brócoli, espinaca y col rizada.

Los tres reyes del verde (brócoli, espinaca y col rizada) son los alimentos más esenciales para notar una diferencia en el rendimiento del cerebro. Si tienes que comer solo 3 alimentos por el resto de tu vida, elige las 3 mejores verduras: brócoli, espinacas y col rizada. Por sí solos, estos alimentos son mejores que casi todos los demás para eliminar la confusión cerebral y establecer la claridad mental. El brócoli es, posiblemente, el más rico en nutrientes del mundo; contiene todos los ácidos grasos Omega-3 que construyen y reparan las células cerebrales en una fracción de milisegundo, e incluso tiene propiedades antienvejecimiento y de pérdida de peso. Los efectos del brócoli en el cerebro se pueden sentir ¡inmediatamente! Una vez que consumas una cabeza de brócoli, sentirás como si un caballo te hubiera dado una patada en la cabeza. Los efectos son tan poderosos y despejan tu cerebro como ningún otro alimento.

Consejo profesional: tómate 2 días para experimentar los efectos de los alimentos en tu cerebro. El primer día consume la comida más grasienta que puedas encontrar: hamburguesas, pizza, pasta. El segundo día come brócoli y espinacas mezclados. Observa los efectos sobre tu cerebro y niveles de energía 2 horas después de consumir cada uno. Notarás una mejora significativa en la claridad mental frente a una sensación de somnolencia de baja energía que dan los alimentos grasientos. Es por eso por lo que los alimentos como el brócoli cuestan más: son de mayor calidad.

Lo siguiente sucede cuando se consumen verduras: empiezas a despertar, tu cerebro empieza a obtener energía y consigues la máxima claridad cerebral. Éste es el efecto que los altos nutrientes hacen en el cerebro y cuando le proporcionan energía. Los atletas consumen alimentos verdes porque aumentan la fuerza y la resistencia en el campo. Como resultado, puedes correr más tiempo y levantar pesas más pesadas si tu estado mental es claro. El brócoli, las espinacas y la col rizada tienen efectos casi idénticos y todos estos son alimentos de primera calidad y caros. Lo ideal es que consumas alimentos verdes al menos una vez al día. Aprende a apreciar los sabores sutiles y pequeños de los verdes si actualmente tienes problemas con su sabor. Si no puedes encontrarlos naturales, la mayoría de los supermercados tienen opciones congelados. Puedes cocinarlos de un millón de maneras diferentes y mezclarlos con sabrosas especias.

2. Frutos secos y semillas

Los frutos secos son los alimentos más nutritivos para el cerebro, después de las verduras. Están cargados de ingredientes positivos que mejoran nuestras funciones cognitivas. Los más notables en la categoría frutos secos son los anacardos y las almendras, que proporcionan el mayor estímulo al cerebro y son el bocadillo perfecto para elevar la energía y mantenernos alertas y concentrados. Los frutos secos no se pueden consumir como plato principal, pero son muy efectivos como complemento de las comidas principales. Los anacardos y las almendras proporcionan la mayor densidad de grasas y proteínas que sirven de base para el músculo cerebral.

Para fortalecer los músculos del cerebro, debes consumir frutos secos con regularidad. Los anacardos y las almendras también están llenos de ácidos omega-3 y antioxidantes que mejoran la claridad mental. Los estudios científicos relacionan los anacardos con la mejora de la función cognitiva con la edad avanzada y descubrieron que pueden compensar las enfermedades de la vejez, como el Alzheimer, que están relacionadas con la capacidad cognitiva. Pueden hacer maravillas en individuos jóvenes y sanos. Asegúrate de no pasarte de la raya con los frutos secos, porque son muy densas en calorías y pueden engordar si se consumen en cantidades abundantes. Un puñado de frutos secos por día es suficiente.

3. Pescado

El pescado y el aceite de pescado son esenciales para la capacidad cognitiva, porque contienen la mayor densidad de ácidos omega-3. Los omega-3 son bloques de reparación esenciales que el cerebro utiliza para formar las células cerebrales y aumentar el flujo sanguíneo en el área cerebral. Los peces tienen la mayor densidad de Omega-3, lo que los hace esenciales para la capacidad cognitiva y la productividad. El pescado graso es el protagonista en términos de pescado rico en omega-3, en particular el atún enlatado. ¿Alguna vez has abierto una lata de atún y pensaste que ese aceite era malo para ti? En realidad, es petróleo lo que tu cerebro anhela: está ligado a mejores habilidades cognitivas, aumento de la capacidad de pensamiento y claridad cerebral.

El salmón es también un alimento excepcional para el cerebro, aunque un poco más caro. Para mejorar las funciones cerebrales, haz que el pescado forme parte de su consumo semanal de alimentos. Es posible que desees dar un paso más y aprender a cocinar pescado en lugar de confiar en el atún enlatado. Compra pescado congelado en el supermercado, ponlo en una sartén con un poco de aceite y déjalo cocinar durante 30-40 minutos. Combínalo con limones o mézclalo con verduras y disfruta de un almuerzo óptimo para el cerebro.

BONO: 4. Café

El café merece una mención honorífica entre los mejores ingredientes cerebrales que estimulan la concentración, la productividad y mejoran nuestro estado de ánimo. ¿Esperas con ansias tu mañana solo por el café? El café es un sabor adquirido porque tiene un sabor amargo, pero una vez que una persona se acostumbra al sabor, aprende a apreciarlo y espera con ansias su sabor amargo. Te sientes "alerta" cuando tomas café, porque la cafeína tiene un ingrediente activo que bloquea los químicos del cerebro conocidos como "adenosinas".

Los químicos de la adenosina pueden ser liberados por la mañana y durante el día. Es por eso por lo que el café es imprescindible para mantenernos alerta y productivos. Una taza de café puede darte un impulso de energía que dure hasta el mediodía cuando te toca almorzar. Asegúrate de no –tomar demasiado: 2 tazas al día es suficiente. Toma una taza al despertar, y retrasa la segunda taza hasta terminar las tareas del día y te sientas listo para recompensarte.

Quince afirmaciones diarias para aprender la autodisciplina cerebral

Las afirmaciones son esencialmente conversaciones personales que tenemos con nuestra mente subconsciente para exigir la fuerza de voluntad que necesitamos para alcanzar nuestras metas. El cerebro reconoce que las afirmaciones cruzan la frontera entre "quiero hacer algo" y "haré algo", es decir, tomar medidas concretas. Las afirmaciones juegan un papel importante en nuestra transformación cuando nos fijamos metas altas, porque pueden afectar nuestro sistema de autoconfianza e incentivarnos a tomar acción. Las afirmaciones pueden aplicarse a todas las áreas de la vida. Son simples frases que te repites a ti mismo cuando te despiertas y cuando te vas a la cama.

La manera de establecerlas es considerar tus metas personales (no todos pueden decirse las mismas afirmaciones). Uno puede crear afirmaciones para perder peso, de negocios, relacionadas con la confianza en sí mismo. Para determinar un área donde necesitas afirmaciones, piensa en tu mayor problema en este momento. Pregúntate a ti mismo: ¿con qué estoy luchando?, ¿en qué podría mejorar? La respuesta a esas preguntas es en qué debes basar tus afirmaciones.

La regla #1 de las afirmaciones

La regla básica de las afirmaciones es que las deben ser positivas. Una afirmación no puede ser negativa, porque la mente subconsciente no reconoce afirmaciones negativas: solo reconoce afirmaciones positivas.

✗ **Afirmación negativa**: no voy a retrasar más mi entrenamiento.

✓ **Afirmación positiva**: empezaré a hacer ejercicio esta noche.

Las afirmaciones deben ser positivas y estar escritas en primera persona. Siempre debes usar "yo" cuando escribas una afirmación, porque hace que tu cerebro registre que te refieres a ti mismo, y reconfigura tu psicología para los nuevos hábitos. La cantidad ideal de afirmaciones por objetivo está entre 5 y 10. Escribe tus afirmaciones en una hoja de papel y léelas por la mañana y noche. Puedes proponer 5 afirmaciones por objetivo. Aquí hay algunos ejemplos de afirmaciones basadas en diferentes metas.

Ejemplo: 5 afirmaciones para la pérdida de peso:

1. Voy a mejorar mis hábitos alimenticios y comeré alimentos saludables.

2. Beberé 3 botellas de agua al día.

3. Haré ejercicio todas las noches.

4. Correré carreras todas las noches a las 9 PM.

5. Pagaré una membresía para ir al gimnasio.

Ejemplo: 5 afirmaciones para el trabajo:

1. Me levantaré a las 5 AM cada día.

2. Empezaré a trabajar inmediatamente.

3. Haré la tarea más difícil a primera hora de la mañana.

4. Me centraré completamente en mi trabajo.

5. Trabajaré todos los días sin tomarme días libres.

Ejemplo: 5 afirmaciones para tener citas.

Fuerza mental

1. Me pondré en forma para ser más atractiva.

2. Compraré mejor ropa para causar una mejor impresión.

3. Empezaré a salir todos los fines de semana.

4. Conoceré gente nueva y tendré citas.

5. Encontraré a mi pareja ideal.

Regla #2: Debe ser sobre el presente.

Las afirmaciones que escribes deben estar relacionadas con el momento presente. Debes enfocar tus afirmaciones en acciones diarias que puedes tomar tan pronto como mañana mismo. Si una afirmación está fuera de tu alcance ahora o en el futuro, deséchala. Enfócate solamente en las afirmaciones que relacionas con tus luchas actuales.

Pregúntate a ti mismo: ¿qué puedo hacer ahora? La respuesta: puedes levantarte temprano, comer mejor, hacer ejercicio, conocer gente nueva. ¿Qué no puedes hacer ahora? No puedes empezar un negocio de la noche a la mañana. Las afirmaciones existen para ayudarnos después de haber navegado a través de nuestras metas y sabernos el panorama general de hacia dónde nos dirigimos; las afirmaciones reconfiguran efectivamente nuestra mente con el fin de enfocarnos en metas inmediatamente alcanzables y nos "empujan" hacia la acción.

Conclusión

Este libro es tu llamado de atención. ¡Es la señal que estabas esperando!

Tienes las técnicas, ahora, ya es hora de ponerlas en práctica.

¡DEJA DE AGUANTAR!

Este libro echa luz sobre los mayores problemas de motivación diaria y autodisciplina. Para tener éxito, pon en práctica lo que más te haya gustado. Consume toda la información. Pruébala. Usa este libro como recordatorio cuando olvides los principios básicos para mantenerte en el buen camino y darte una patada en el trasero cuando empieces a resbalar.

¿Recuerdas todas esas veces que te decías a ti mismo: lo haré cuando esté listo? Ahora es el momento, ¡tu "un día" ha llegado! Tú sabes exactamente lo que necesitas hacer para lograr tus sueños. Si has retrasado tu propósito en la vida para una fecha desconocida, si has detenido tu energía y has esperado un mejor momento, recuerda que no hay mejor momento que el momento presente para comenzar.

Si te dejamos algo, es: ten fe en ti mismo.

Tendrás muchas caídas a lo largo del viaje. También experimentarás muchos beneficios y avances.

Descubre quién eres, descubre hacia dónde te diriges y actúa.

Todos los humanos tenemos defectos, pero las técnicas aquí expuestas nos ayudarán a vivir con nuestros defectos. Esperamos que hayas desarrollado una mejor comprensión de las misteriosas formas en que funciona la naturaleza humana y de cómo nuestra biología está programada para funcionar en contra de nuestros intereses. Esperamos que llegues a conocerte y que crezcas en autoconciencia a través de las pruebas y desafíos. Nuestra naturaleza evolutiva y nuestros objetivos en la sociedad moderna están en conflicto entre sí. Para que nuestra naturaleza evolutiva y la sociedad moderna funcionen, tenemos que aplicar un conjunto de técnicas que combinan los mejores lados de ambos.

Usa la resistencia como tu brújula.

La fricción que sentimos en nuestro camino es la resistencia: la fuerza más poderosa de la naturaleza. La resistencia preserva el *statu quo*: es un mecanismo que nos protege de entrar en lo desconocido. La resistencia impide que cambie el pensamiento sobre qué es lo mejor para nosotros. Para hacer algo diferente, tenemos que sacudir nuestro sistema e imponer resistencia. La resistencia sirve como una brújula para indicarnos las cosas que realmente deberíamos estar haciendo. Si no te sientes dispuesto a trabajar en tus metas, siente la resistencia en tu cuerpo. La resistencia te dice exactamente qué hacer. La resistencia indica que te estás preparando para algo grande, que hay algo a la vuelta de la esquina. Si te presionas, nacerá una persona completamente diferente. En el fondo, ya sabes lo que es.

No demores tus sueños: comienza ahora.

Este libro abarca los métodos y técnicas más importantes para ayudarte a desarrollar la autodisciplina diaria. Ahora es el momento de llevar todo lo que has aprendido a la acción.

Como última nota, recuerda este hecho: todos somos diferentes.

Tienes que crear tu propia motivación, tus propias técnicas, tus propias disciplinas. Tú eres tu propia persona con tus propias metas, tus propios sueños y tus propias circunstancias. No estás obligado a implementar todas las técnicas que te enseñamos, y no es importante hacerlas todas a la vez. Depende de ti averiguar qué es lo que te funciona y aplicar tus propios giros en las técnicas, basándote en tus propias experiencias individuales de funcionamiento y objetivos en la vida.

Fuerza mental

Empieza por hacer algo, lo que sea. Fíjate a dónde te lleva la vida. Tu viaje en la vida es diferente al viaje de 7 billones de otros humanos que habitan el planeta. Una vez que descubras lo que funciona para ti, empieza a hacer y apunta hacia las estrellas.

www.ingramcontent.com/pod-product-compliance
Lightning Source LLC
Chambersburg PA
CBHW031102080526
44587CB00011B/794